JN013166

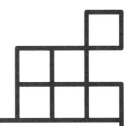

ウェルビーイングな保育・幼児教育のためのポジティブ心理学

Positive Psychology for Well-being Childcare and Early Childhood Education

+

子どもや保育者、そして保護者の幸せな人生に向けて

Toward the Well-being of Children, Childcare workers, and Parents

髙橋健司

Kenji Takahashi

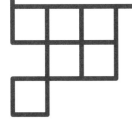

アルテ

はじめに

この本を手に取ったあなたは、おそらく子どもたちの心の健康と幸福に深い関心を持っている保育者、教育者、または保護者の方ではないかと思います。数ある保育・幼児教育書の中から、本書に関心を持っていただき大変に嬉しく思います。昨今、保育・幼児教育界隈においても「ウェルビーイング」という言葉が聞かれるようになり、ポジティブ心理学への関心が高まってきています。ポジティブ心理学は、心の病を治療する医療的な心理学ではなく、人々がどのようにして幸福を感じ、充実した生活を送ることができるかに焦点を当てている学問です。

本書では、ポジティブ心理学の視点から、子どもたちがその可能性を最大限に発揮し、心豊かに成長していくための保育・幼児教育の実践的アプローチを紹介しています。

「不適切保育」をなくすために

近年、盛んに「不適切保育」のニュースが流れています。近畿地方の認定こども園で起きた「不適切保育」では、保護者によって録音された園内の音声が公開されました。その内容は、一保育者が、特定の子どもに対して「おしっこ漏らした！　恥ずかしい～」という心ない言葉かけや、食事の強要などで、泣いている子どもへ寄り添った保育がされていないものでした。このような保育は当然あってはならないですし、今後二度と起きないようにしないといけません。

では、どうしたら、このような保育をなくすことができるのでしょうか。

どの施設も保育士不足から、ギリギリのシフト体制で保育しているのが現状です。命を預かっているプレッシャーもかかっています。サービス残業や持ち帰り業務も、まだまだ多いです。保育士だって「人」です。感情があります。どんなに温厚な人にだって、イライラする時や、カッとなって怒りたくなる時だってあります。特に、心に余裕がない時はそういったネガティブな感情になりやすいです。そんな時に、つい不適切な言動が出てきやすくなります。しかし、だからと言って、不適切な「言葉かけ」や「行動」をしていい理由にはなりません。原因の一つになりうるかもしれませんが、この一線を越えるか越えないか。日々、保育者は試されています。誰だってその一線を越えてしまう可能性があるのです。世の中の「いじめ」がなくならないのと同じです。人の心とはそういうものです。だからこそ、「人を幸せにする教育・保育とは何か?」を学び、志を同じくする仲間との触れ合いの中で、内なる「善性」が湧き出し、身体的・精神的・社会的に満たされたウェルビーイングな状態にし続ける必要があるのです。

今日も日本のどこかで「不適切保育」が行われています。このままでは、子どもや保護者、そして保育者自身が不幸です。不適切な保育は、子どもや保護者の心身に深刻な影響を与えます。保育園に行きたくないと、体に「じんましん」が出る子ども。そんな状況を知り怒りで夜の眠れない保護者。とてもウェルビーイングが低く、不幸な状態です。毎日の生活で、そのような状態になることは本当に辛いことです。保育施設や市区町村、都道府県が一体となって不適切な保育を未然に防ぐための対策を講じています。しかし、そのような対策も、中途半端ではつけ焼き刃程度にしかなりません。

どうすればこの状況を打破できるか。それは、保育者自身が「ポジティブ心理学」を学び、個人の「強み」を自覚し、磨き、実践することです。それが子ども・保護者・保育者を幸せ（ウェルビーイング）に導くために最も有効であり、「不適切保育」がない世の中を築く方法であると確信します。保育技術云々の話ではなく、一人の人として、「人格を磨く」ほかないのです。人格は、親切や寛容などの「人間性」だったり、公平・公正・リーダーシップなどの「正義」だったりします。または誠実性や信頼性、正直であるといった「勇気」だったりもします。これらは、ポジティブ心理学において、「美徳」と呼ばれており、六カテゴリー二四種類あります。いわゆる「道徳的に価値がある」ものです。

そして、これらを「強み（VIA＝Values in Action）」と表現しています。ポジティブ心理学は、「人はどのようにして幸せになるのか」を、エビデンス（根拠）に基づいて科学的に解明していく学問です。それらの学問を理論的に取り入れた保育メソッドを本書では紹介しています。

本書の構成は、序章では、ポジティブ心理学の基本概念と、保育・幼児教育におけるウェルビーイング実現のためのアプローチが紹介されます。第一章は、ウェルビーイングの五つの要素と幸福度の測定について述べ、第二章は子どもの非認知能力の育成方法を探求します。第三章は、子どものウェルビーイングを支える保育方法、特に森などの自然環境を活用した保育の効果について詳述します。第四章は、保育者のウェルビーイングと職場での感情コントロールのためのスキルに光を当て、最終章では、保護者の幸福と子どもとの良好な関係を築くための子育てアドバイスに焦点を当て、その方法と有益な知識を詳細に説明しています。この章は、親が子どもとの接し方を理解し、実践することで、家庭内のウェルビーイングを高めるためのガイドとなることを目指しています。全体を通して、ポジティブ心理学が個人の幸福感を高め、より良い保育環境を創出するための実践的なガイドを提供しています。

本書が、日々の保育の不安やストレス、対人関係の問題を抱える保育者や、家庭内での育児で悩む保護者の皆様にとって、より幸せで充実した生活を送るための第一歩を踏み出すヒントとなり、お役に立てることがあれば、大変嬉しく思います。子どもたちの笑顔のために、そして、保育者、保護者の皆様の笑顔につながることを心より願っています。

目次

序章　保育・幼児教育と「ポジティブ心理学」

ウェルビーイングとは何か

近年、「ウェルビーイング」という言葉をいろいろな場面で見聞きするようになりました。ウェルビーイング（well-being）とは「良い状態であること」と直訳できますが、「健康」や「幸せ」と訳されることもある概念です。もともと、ＷＨＯ（世界保健機関）が発行した憲章の中で、「健康」の定義を、「健康とは、病気でないとか、弱っていないということではなく、肉体的にも、精神的にも、そして社会的にも、すべてが満たされた状態にあること（日本ＷＨＯ協会訳）」と定めた際に、「すべてが満たされた状態」の部分をwell-beingと書き記したことに由来しています。

「幸せ」というとハピネス（happiness）を思い浮かべることが多いと思います。ハピネスとウェルビーイングは、どちらも幸福な状態を表す言葉ですが、その意味や使い方には違いがあります。ハピネスは、感情的で一瞬しか続かない、スパンの短い幸せを指しています。例えば、お金や地位などの「地位財」を手に入れた時や、楽しいことが起こった時に感じる幸福感をハピネスと呼んでいます。ハピネスの幸福感は、すぐに他人と比べたり、慣れたりして幸福度が下がってしまうことがあります。

一方、ウェルビーイング（well-being）は、身体的、精神的、社会的に良好な状態であることを指します。ウェルビーイングは、ハピネスを含めたより包括的で持続する幸せであり、「人生に満足している」といった長期的な健やかさや精神的な幸福感を意味します。ウェルビーイングは、自分の価値観や目標に沿って生きることや、自分の能力を発揮することや、人間関係を築くことなどによって高められます。

時代をさかのぼること紀元前五世紀頃のギリシャでは、アリストテレスなどの哲学者たちの間で幸福に関する二つの考え方があったといわれています。ヘドニア（快楽主義）とユーダイモニア（よき人生主義）という考え方です。ヘドニアとユーダイモニアは、幸福の二つのタイプを表すギリシャ語の言葉です。ヘドニアは、快楽や満足感を追求する幸福です。例えば、美味しい食事を楽しんだり、好きな音楽を聴いたり、友人と遊んだりするなどといった、短期的、感覚的な楽しみや喜びが幸せの源泉とする考え方です。一方、ユーダイモニアは、自己実現や目的意識を追求する幸福です。例えば、自分の才能や能力を発揮したり、社会に貢献したり、自分の価値観に沿って生きたりすることといった、もう少し長期的なスパンで幸福を捉えている考え方です。ヘドニアとユーダイモニアは、相反するものではなく、相補的なものであるといわれます。極論するとハピネスがヘドニアに近く、ウェルビーイングはユーダイモニアまでを含む概念といえます。

また、心理学では「主観的ウェルビーイング」という言葉が使われます。健康や福祉と区別して、主観的に幸せを実感している、自分の人生に満足していると感じている状態のことです。主観的ウェルビーイングは、自分の幸福度や生活の質を評価する指標として使われており、個人の価値観・目標に基づいて決まります。

今の日本で「幸せ」という意味の主観的ウェルビーイングが注目をされている理由に、学問的な理由と社会的な理由があります。学問的理由としては、一九八〇年代以来、心理学者を中心として、ウェルビーイング＆ハピネスに関する研究が盛んに行われるようになりました。その中で、ウェルビーイングを理論化し、テーマとして掲げた学問が、「ポジティブ心理学」です。

ポジティブ心理学とは、一九九八年当時、アメリカ心理学会会長であったペンシルベニア大学心理学部教授のマーティン・セリグマン博士によって創設された新しい学問です。セリグマンはポジティブ心理学のテーマは「ウェルビーイング」だと考えています。「ウェルビーイングを測定する判断基準は「持続的幸福度（Flourishing）」で、ポジティブ心理学の目標は持続的幸福度を増大することだ」[1]と述べています。うつや精神疾患等の病気などのネガティブな状態から「人間の苦しみを和らげること」を目標として用いられるのが主流であった、これまでの伝統的な心理学に対し、ポジティブ心理学は「人生を最も価値あるもの」にすること、すなわち、「本物の幸福とは何なのか？」「どのようにしてより幸せになるのか」を学問的に追求した立場をとっており、新しい視点を持った学問として注目されるようになりました。

ポジティブ心理学は、人間の潜在的な可能性や将来性、そして成長に焦点を置き、個々人が自己実現を果たし、充実した生活を送るための科学的な手法を提供する学問です。例えば、「感謝の心」を育むことで、人はよりポジティブな人間関係を築き、ストレスを減らし、全体的な幸福感を高めることができるようになるという内容の研究であったり、「フロー」という、人が完全に活動に没頭し、時間の感覚を失うほど集中している状態が、創造性や生産性の向上に寄与するといったことを解明した学問になります。

さらに、ポジティブ心理学は、人の「強み」に注目した学問です。セリグマン博士は好奇心、勇気、社交性、公正さ、リーダーシップ、感謝などの「二四の強み」を特定し、これらを活用することで、人々がより幸せで意義のある生活を送ることができると提唱しています。私たちはこれらの強みを日常生活に取り入れることで、自己肯定感を高め、レジリエンスを築くことができます。そして、それによってウェルビーイングが向上することが期待されます。

このように、ポジティブ心理学の研究は、教育、職場（ビジネス）、コミュニティ、さらには政策立案においても応用されており、個人のウェルビーイングを高めるだけでなく、より健康で活力のある社会を築くための基盤となっています。ポジティブ心理学の原則を取り入れることで、私たちは日々の生活において、より充実感を感じ、幸福を実現することができるのです。

ウェルビーイングが注目されるようになった理由

今でこそウェルビーイングという言葉は徐々に普及してきていますが、日本では長らく一般的ではありませんでした。日本人は伝統的に「自己犠牲」や「忍耐」を美徳とし、自分の幸せよりも社会や家族のために働くことを重視してきました。また、高度経済成長期には、物質的な豊かさや、経済的な安定が幸福の尺度とされてきました。その日本で、ウェルビーイングという言葉が急速に広まったのにはいくつかの社会的背景が考えられます。

一つは、多様化する価値観や生き方の広まりです。現代の人たちは、ＶＵＣＡの時代を生きていると言われています。ＶＵＣＡとは、Ｖ（Volatility：変わりやすさ）、Ｕ（Uncertainty：不確実さ）、Ｃ（Complexity：複雑さ）、Ａ（Ambiguity：曖昧さ）の頭文字を組み合わせた造語で、「変化が速く、不確実性が高く、先が読めない時代を意味」しており、「目の前に立ちはだかる問題は、複雑な要因が絡みあって生じており、曖昧さに満ちているという社会のありよう[2]」を指しています。テクノロジーの進化とともに、少子高齢化やグローバル化の影響も相まって、人々の生き方や価値観は多様化しています。一つの正解や幸せの形はなく、個人の選択や自己実現が尊重されるようになっ

図１：ウェルビーイングが注目されるようになった理由

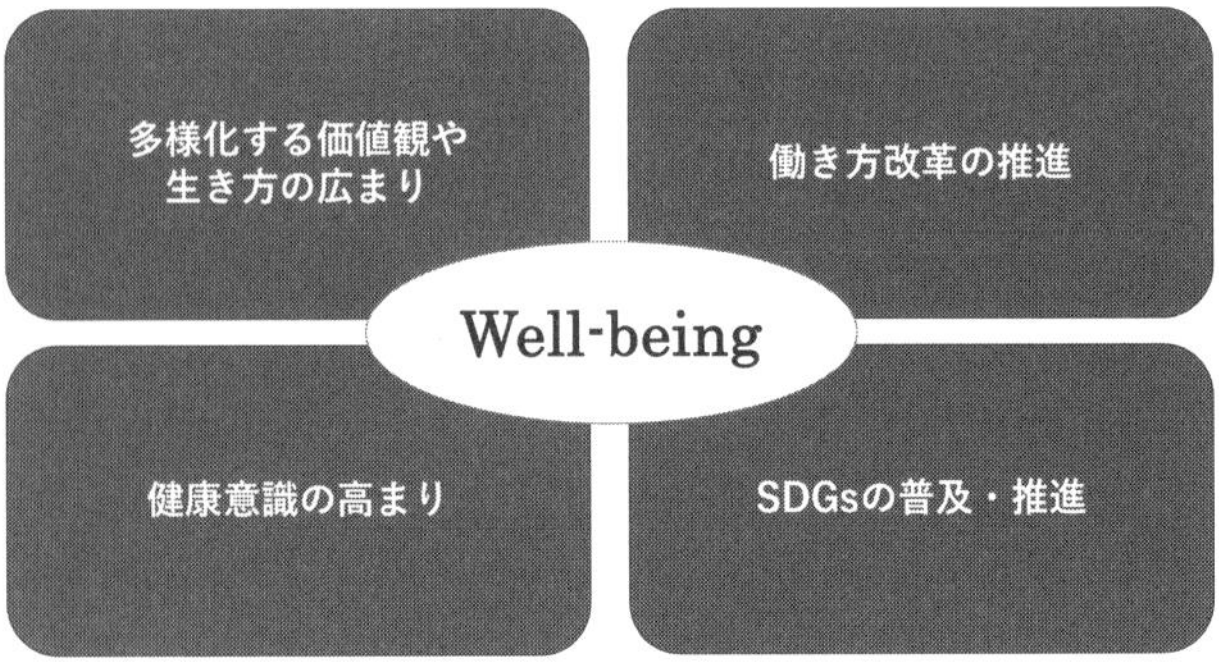

ています。しかし一方で、社会・個人としてどこに行けばいいのか分かりにくくなっている状態です。そのために、大切になってくるのが社会の目指す方向（ビジョン）です。ウェルビーイングはこれからの社会のあり方としてのビジョン的役割を担っています。

もう一つは、働き方改革の推進と健康意識の高まりです。二〇一九年に「働き方改革関連法」が制定され、労働時間の上限や残業代の支払いなどが見直されました。また、新型コロナウイルスの感染拡大を契機に在宅勤務やテレワークが普及しました。これらの変化は、仕事とプライベートのバランスや効率性を重視する働き方を促進しました。そのため、ワーク・ライフ・バランス（仕事と生活の調和）を目指すウェルビーイングの考え方にマッチングしたと考えられます。また、新型コロナウイルスの感染拡大は、人々の健康意識を高め、スポーツや運動をする人が増えたり、食生活や睡眠の質に気をつける人が増えたりしました。メンタルヘルスやストレスケアに対する関心が高まったこともあり、身体的・精神的な健康を重視する考え方のウェルビーイングが広まったと考えられます。

さらに付け加えるとしたら、ＳＤＧｓの普及・推進がウェルビーイングを広めたと考えられます。ＳＤＧｓ（持続可能な開発目標）とは、二〇三〇年までに貧困や格差、気候変動などの世界的な課題を解決するための国際的な目標です。十七の目標の中には、その三番目に「Good Health and Well-Being（すべての人に健康と福祉を）」があります。ここでは「福祉」と訳される意味合いで使われていますが、貧困も飢餓もなく、健康で豊かな教育が授けられ、快適な環境での生活が維持されるなど、人類に限らず、地球上のすべての生物がよりよく生きるために、ＳＤＧｓの各目標があると考えるならば、十七あるＳＤＧｓ目標全てを包括する上位概念こそが「ウェルビーイング」であると言えるのではないでしょうか。ＳＤＧｓとウェルビーイングは、共に人間や地球の未来に関わる重要な概念であり、多くの国や組織、個人が関心を持ち、行動を起こし始めています。

小学校や中学･高校の教育分野においても、従来の教科教育に対しての疑問視とともに、ウェルビーイング教育の重要性について議論が交わされ始めています。その理由は教育現場の抱える多様な課題が存在するからです。例えば、学力の格差、いじめや不登校、虐待、ヤングケアラーなどの子どもたちを取り巻く環境の変化、そして、教職員の過重労働やストレスによる離職・病気休職者の増加、人員不足の深刻化などがあります。これらの問題は、生徒や教員のウェルビーイング（幸福感や満足感）に悪影響を及ぼし、学習や教育の質を低下させています。そのため、文部科学省では次期教育振興基本計画のコンセプトの中に「ウェルビーイングの向上」が含まれることとなりました。そのような流れから、教育現場では仕事内容の見直しや、学校運営に必要な予算の確保など、一部の教員や学識経験者らを中心にウェルビーイングを高める取り組みを急いでいます。

保育・幼児教育におけるウェルビーイング実現のために

では、幼児教育や保育に携わる人が、「ウェルビーイングの向上」のために「ポジティブ心理学」を学ぶべき具体的な理由は何でしょうか？ここでは、三つの理由を紹介します。

① 子どものウェルビーイングを高めるため

二〇二〇年に公表されたユニセフ・イノチェンティ研究所の報告書「子どもたちに影響する世界」では、日本の子どもの幸福度は先進三八か国中二〇位であり、さらに精神的幸福度については三八か国中三七位とほぼ最下位でした。精神的幸福度は、生活満足度と自殺率の結果から導かれます。この結果は、日本の子どもたちのウェルビーイングが低いことを示しており、深刻な問題となっています。新型コロナウィルス感染症流行拡大の影響で、子どもたちの生活や学びが制限されたり、不登校や長期欠席が増えたりしたこともあり、さらに悪化している可能性も考えられます。

このような状況に対し、我々大人はいち早く手を打たなければなりません。特に子どもたちが長い時間を過ごす保育現場では、保育者の関わりが子どものウェルビーイングにダイレクトに影響します。保育者は、子どもたちの異変や問題に気づきやすく、適切なケア・支援を行うことができますし、保育の内容と方法を工夫することで、子どもたちの自己肯定感やレジリエンスなどに代表される「非認知能力」を育てることもできます。つまり、幼児教育や保育に携わる人が「子どものウェルビーイング」実現のためにポジティブ心理学を学ぶことは、有益であるということ以上に、必要不可欠だと言っても言い過ぎではないのです。

②保育者自身のウェルビーイングを高めるため

保育者は、子どもたちの成長を見守るやりがいのある仕事ですが、同時に責任やプレッシャーも大きい仕事です。子どもたちの日常の保育や保護者との対応だけでなく、清掃や衛生管理、指導案や記録などの事務作業も行わなければなりませんし、保育者のウェルビーイングを低下させる要因がいくつもあります。特に、保育者のウェルビーイングを低下させる要因として、以下のようなものが挙げられます。

●低賃金　保育士の平均年収は約三〇〇万円と、他の専門職に比べて低く、生活に困窮するケー

図２：保育者のウェルビーイングが低下する要因

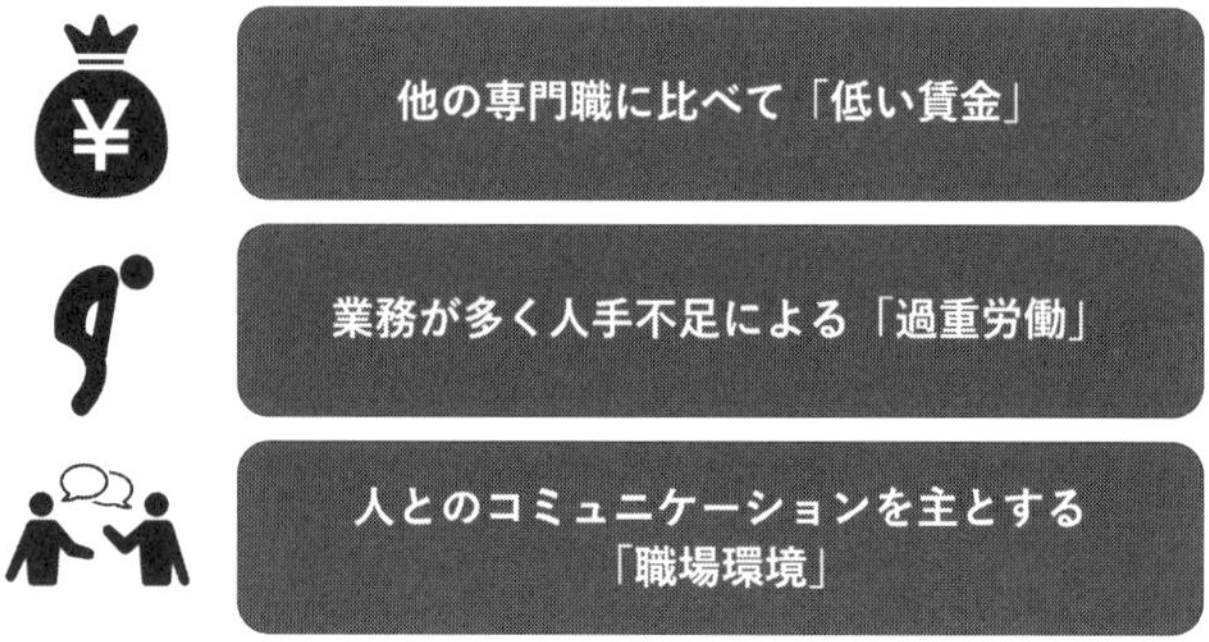

スも少なくありません。また、賃金が上がらないことで、キャリアアップやモチベーションの低下にもつながっています。

●過重労働　保育士は、子どもたちの保育（養護や教育）だけでなく、事務作業や地域の子育て支援なども行ない、ただでさえ業務が多い上、人手不足も重なり、心の余裕がなく、過労やストレスが蓄積されています。

●職場環境　人とのコミュニケーションを主とする仕事だけに、人間関係のトラブルやパワーハラスメントなどが発生することもあります。また、保護者との関係もスムーズにいかない場合もあり、心が疲弊しやすい職場環境と言えます。

こうした状況によって、保育者は心身ともに疲弊し、自分自身のウェルビーイングを失ってしまうことがあります。自分自身のウェルビーイングが低下すると、保育者は仕事に対するモチベーションや満足感を感じられなくなります。また、心身の不調や病気によって休職や退職を余儀なくされることもあります。これらは、保育者の離職率を高め、「保育士不足」を招く要因となっています。厚生労働省の資料によれば、保育士全体の離職率は九・三％であり、経験年数六年未満の保育士が全体の約六割を占めています。これは、経験を重ねる前に辞めてしまう方が多いことを示しています。

「保育士不足」は、日本の社会問題の一つとして注目されてきてはいますが、対応が追いついておらず、離職や転職が後を絶たない状況です。その結果、現場に残る保育者のウェルビーイングはますます低下し、離職を招いた結果、保育士不足はさらに深刻化するといった、悪循環に陥ってしまっているのが現状です。保育士不足を解消するためにも、保育者自身がどのようにウェルビーイングを高めることができるかを知る必要があると言えるでしょう。

③　保護者や社会からの信頼を取り戻し、保育の本質を考え直すために

「保育士不足」や離職の原因ともなっている、「人員不足や過剰な業務量による過労やストレス」や「低い給与や待遇による不安や不満」、「職場の人間関係や保護者とのコミュニケーションによる摩擦やトラブル」などは、同時に、園児への「不適切保育」が引き起こされている要因にもなっています。「不適切保育」とは、保育所で働く職員が、園児に対して暴力や暴言、無視などのネガティ

ブな行為を行うことです。具体的な状況としては、例えば、保育者が「ストレスや疲労が蓄積し、感情的になりやすくなる」、「子どもに対する愛情や関心が減少し、無関心や冷淡になる」、「子どもに対する期待や要求が高くなり、厳しく叱責したり罰したりする」、「子どもに対する責任感や義務感が低くなり、見守りや介助を怠ったりする」、「子どもに対する敵意や嫌悪感が増加し、暴言や暴力をふるったりする」などといったことが起きています。

「不適切保育」問題はニュース等で大きく報道され、保育業界に大きな衝撃を与えました。これらの問題は、園児のウェルビーイングを著しく低下させるだけでなく、「保育士や幼稚園教諭は、子どもたちの安全や幸せを守ってくれる」と、当然のこととして信じていた保護者や社会からの信頼が失われてしまいました。保護者の方々に安心してお子さんを預けられるように、保育者はその信頼を取り戻さなければなりません。

不適切保育による信用低下問題は、私たちに保育の本質や課題を考え直させる機会でもありました。それは、「適切な」保育とは何か?という根源的な問いに対して、考えなくてはならない時が来たということです。私は、その問いの答え、すなわち保育の目的・本質こそ「ウェルビーイング」であると確信しています。

幼児教育も含め教育の方向性を示す「教育進行基本計画」（令和五年六月閣議決定）において、

「二〇四〇年以降の社会を見据えた持続可能な社会の創り手の育成」とともに「日本社会に根差したウェルビーイングの向上」がコンセプトになっています。さらに、こども家庭庁で検討されている「幼児期までの育ちに係る基本的なヴィジョン（育ちのヴィジョン）」においても、策定する目的と意義の内容の最初に、「生涯にわたる身体的・精神的・社会的ウェルビーイングの向上」が掲げられています。

このように、教育・保育の分野でも、「ウェルビーイング」が主軸となってきました。次の教育要領や保育指針には、ウェルビーイングという言葉が入ってくるかもしれません。今こそ、全教育者・保育者が「ウェルビーイング」向上のためのノウハウやスキルを身につけ、実践する時と言えます。

保育者の皆さんは、子どもが好きで、子どもと関わるのが楽しくて、保育の仕事を選んだのだと思います。その純粋な思いのままに、幸福感を持ちながら、長きにわたって保育をしてもらいたいと、誰しもが願っています。保育所や幼稚園での園児虐待・不適切保育は極めて例外的な事例であり、多くの保育者は子どもたちに寄り添い、尊重し、愛情を注いでくれています。一部の不適切な保育事例によって、保育業界全体が社会から信用が失われることは悲しみしかありません。だからこそ、子どものため、保育者自身のため、保護者、そして社会のためにも、保育者の皆さんには、「ポジティブ心理学」の観点からウェルビーイングを理論的に学び、現場で実践していってほしいと思っています。

【文献】
（1）マーティン・セリグマン『ポジティブ心理学の挑戦』（宇野カオリ監訳、ディスカヴァー・トゥエンティワン、二〇一四年）二七頁
（2）布柴靖枝「ＶＵＣＡ（ブーカ）時代の家族支援をめぐって」『家族心理学研究』35、二〇二一年、一五五頁

第一章　ウェルビーイングを考える

世界幸福度調査とウェルビーイング五要素

世界幸福度調査というものをご存知でしょうか。世界幸福度調査とは、毎年発表される国連のレポートで、世界中の国々の幸福度をランキング化したものです。幸福度は、ＧＤＰや社会保障などの経済的・社会的要因だけでなく、自由や信頼、寛容さなどの主観的な要因も考慮されて算出されます。この調査の結果は、人々の幸せを測る一つの指標として、各国の政策や研究に役立てられているようです。

どのような結果が出たかというと、例えば、二〇二三年の世界幸福度調査では、フィンランドが六年連続で一位になりました。フィンランドは、高いＧＤＰや教育水準、医療制度などの基本的な生活条件に加えて、自然環境やコミュニティの絆、政府への信頼などの要素が高く評価されました。一方、日本は一二一か国中四九位という結果でした。日本は、ＧＤＰや健康寿命などの客観的な要因では高いスコアを得ていますが、自由や寛容さ、コロナ禍への対応などの主観的な要因では低いスコアを得ています。それでも二〇二二年の五四位からランクを伸ばしています。日本のランキングが上がった理由として、社会的支援や人生評価・主観満足度のスコアが上がったことがあるでしょう。これは新型コロナウイルスのパンデミックやロシアのウクライナ侵攻など、他国と自国を比べて「自分の国の方がいい」と感じる機会が多かったことも要因として考えられます。

また、文化の違いによって、国ごとに幸せの定義や要因が異なることが研究で明らかになっています。例えば、北米の環境においては個人の選択であるとか、自己実現、競争の中で揉まれながら自分で何かを得ていくということが幸福感にとって重要であると知られています。これは「獲得志向的な幸福観」といえます。これに対して、日本の社会では、例えば幸せすぎることというのは完全にいいことではないのかもしれないという価値観や、他者とのバランスにも気を配りながら、まわりまわって、自分にも幸せがやってくるという概念が存在します。これは「協調志向的な幸福観」といえます。この二つの幸福観はどちらがいい悪いということではなく、今の社会の中では、この二つの幸福観のバランスが重視されています。

自分の国がどういう点で幸せで、どういう点で不幸せなのかを知ることは、自分自身の幸せを見つめ直すきっかけにもなります。また、他国の幸せのヒントを参考にすることもできます。世界中の人々が幸せに暮らせるように、世界幸福度調査から学ぶことはたくさんあります。

そして、毎年発表される世界幸福度調査にデータを提供しているギャラップ社（アメリカの世論調査研究所）は、ウェルビーイングとは何かについて、次の五つの要素を提示しています。

キャリア・ウェルビーイング
ソーシャル・ウェルビーイング
ファイナンシャル・ウェルビーイング
フィジカル・ウェルビーイング
コミュニティ・ウェルビーイング

キャリア・ウェルビーイングとは、自分の仕事にやりがいや満足感を感じることです。自分の才能や関心に合った仕事をしていると、毎日が楽しくなると思いますが、そのような気分のいい状態を言います。また、自分の成長や貢献を認めてくれる上司や同僚と働くことがキャリア・ウェルビーイングを高めるためには重要で、自分の強みや目標を明確にし、良い関係性の中で、適切な助言・指導を受けられる環境を整えていくことが大切です。

ソーシャル・ウェルビーイングとは、自分にとって大切な人と良好な関係を築くことで感じる幸福感のことです。家族や友人、恋人など、自分を理解してくれる人とのつながりは、心の支えになります。また、笑ったり話したりすることで、ストレスを軽減したり幸せな気持ちになったりします。

ソーシャル・ウェルビーイングは、定期的に連絡を取ったり会ったりすることや、感謝や愛情を伝えることで高めることができます。

ファイナンシャル・ウェルビーイングとは、自分の現在や将来の経済状況に、安心感や自信を持つことによる幸福感を言います。お金に関する心配が少ないと、生活に余裕ができます。また、自分の価値観に合った使い方をすることで、幸せを感じることができます。ファイナンシャル・ウェルビーイングを高めるためには、収入や支出を把握し、計画的に使ったり、貯蓄をしたりする必要があるでしょう。

フィジカル・ウェルビーイングとは、自分の健康状態に満足していることを言います。身体的に元気であれば、活動的に生活することができます。そのためには、適度な運動や栄養バランスの良い食事などで、病気や老化の予防をすることが大切です。睡眠や休息を十分にとったり、ストレッチやマッサージをしたりすることも、フィジカル・ウェルビーイングを高めるために効果的です。

コミュニティ・ウェルビーイングとは、自分が住んでいる地域のグループなどに参加し、貢献することで感じる幸福感を言います。自分の属しているコミュニティに誇りや愛着を感じたり、自分が受け入れられてもらっていると感じたりすることで、コミュニティ・ウェルビーイングが高まります。また、ボランティアや寄付などで他人の役に立つことも、自己効力感や満足感が高まったりします。コミュニティ・ウェルビーイングを高めるためには、そのコミュニティの活動やイベントに積極的に参加したり、自分のスキルや知識を使って、そのコミュニティに貢献したりすることで高まっていきます。

これらの五つの要素の内容を参考にして、自分のウェルビーイングについて考え、行動することで、より充実した人生を送ることができます。私たちも生活のさまざまな側面に意識的に取り入れながら、幸福度を高めていきましょう。

ＰＥＲＭＡ理論と保育・幼児教育

ポジティブ心理学の提唱者であるマーティン・セリグマンは、アメリカの心理学者で、ペンシルベニア大学の教授であり、ポジティブ心理学センター長でもあります。セリグマン教授は、アメリカ心理学会会長だった一九九八年に、今後取り組むべき課題としてポジティブ心理学の概念を打ち出し、ポジティブ心理学を始めた人として「ポジティブ心理学の父」と呼ばれています。従来の臨床心理学が「うつ」などに代表される病気や悩みなど、人のネガティブな心理状態にフォーカスしていたのに対して、ポジティブ心理学は通常通りの生活を「さらに生き生きとした良い状態にすること」を目指しています。セリグマン教授は幸せ（ウェルビーイング）のための五つの条件として「PERMA」という指標を示しました。[1]「ＰＥＲＭＡ」とは、ウェ

図3：セリグマン教授のPERMA理論

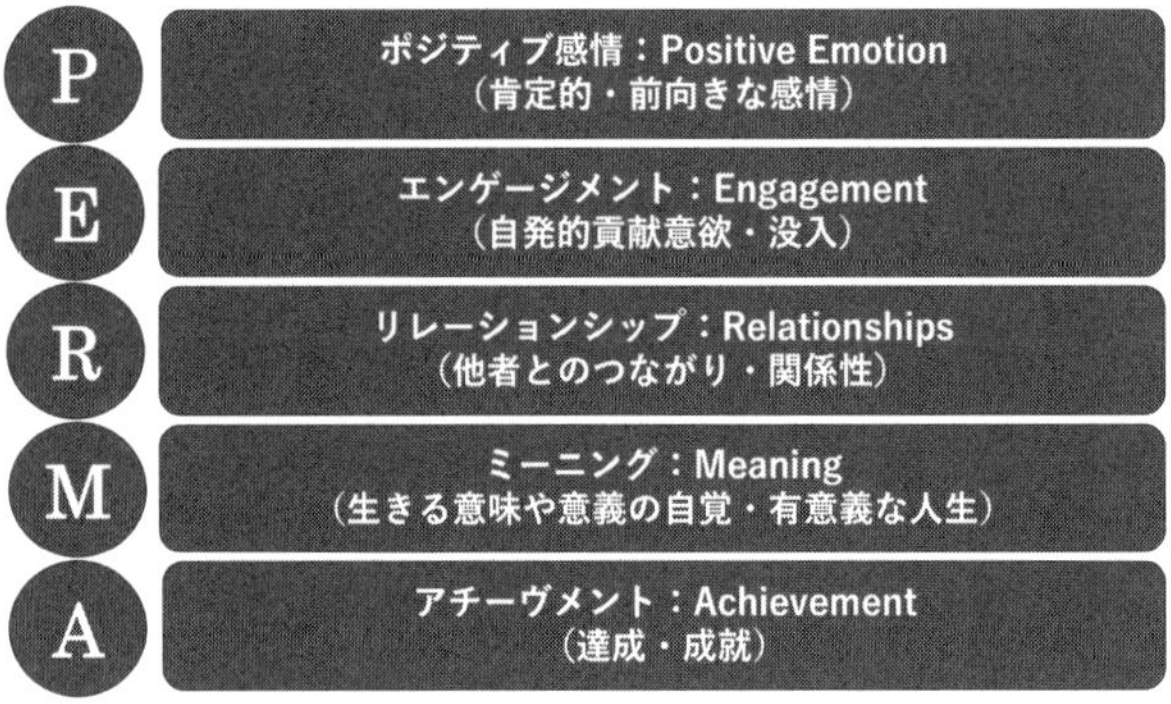

ルビーイングを高めるための五つの要素を指す言葉です。「ＰＥＲＭＡ」は、以下の頭文字をとったものです。

Ｐ：ポジティブ感情（肯定的・前向きな感情：Positive Emotion）

Ｅ：エンゲージメント（自発的貢献意欲・没入：Engagement）

Ｒ：リレーションシップ（他者とのつながり・関係性：Relationships）

Ｍ：ミーニング（生きる意味や意義の自覚・有意義な人生：Meaning）

Ａ：アチーヴメント（達成・成就：Achievement）

これらの要素は、人々が幸せで充実した人生を送るために必要なものとして、セリグマン教授によって提唱されました。

保育・幼児教育におけるこのＰＥＲＭＡ理論の

有益性は、保育者が子どもたちや自分自身に対して、これらの要素を意識的に育むことで、保育・幼児教育の質を高めることができるということ、そして保育者自身の幸福度を高められるという点にあります。それぞれの要素について、簡単に説明します。

P：ポジティブ感情（肯定的・前向きな感情：Positive Emotion）

例えば、こんな時、幸せな気分になりませんか？

●大切な人と過ごしている時
●趣味などの楽しめる活動をしている時
●感謝していることやうまくいっていることを振り返る時

このようなとき、「ポジティブ感情」が作用しています。

ポジティブ感情とは、前向きで明るい感情のことで、私たちの幸福度を高める重要な要素の一つとなっています。ポジティブ感情研究の第一人者であるバーバラ・フリドリクソンは、ポジティブ感情の代表的なものとして、愛（Love）・喜び（Joy）・感謝（Gratitude）・安らぎ（Serenity）・興味（Interest）・希望（Hope）・誇り（Pride）・愉快（Amusement）・鼓舞（Inspiration）・畏敬（Awe）といった感情を指しています。[2] ポジティブ感情を持つことで、私たちは心身の健康や創造性、社会的関係などに良い影響を与え、困難やストレスに対処する能力や回復力を高めています。

保育・幼児教育においては、例えば、一緒に働く同僚保育者との、日々の関わり合いの中で、「感謝の気持ち」を大切にすることが、保育者自身のポジティブ感情を高める重要なポイントとなるでしょう。また、子どもたちとの関わりにおいては、子どもたちが楽しく遊んでいる中で、ポジティブ感情を積極的に育てていくことが大切になります。

E：エンゲージメント（自発的貢献意欲・没入：Engagement）

また、このような時、幸せな気持ちになりませんか？

●好きな活動に参加している時
●日常の活動や仕事に集中している時
●自分の強みを知り、発揮している時

このような時は、エンゲージメントが高まっています。

エンゲージメントとは、自分の強みや興味を活かして、何かに没頭している状態を指し、幸せな状態を言います。エンゲージメントは、「フロー」とも呼ばれ、時間や自我を忘れるほど集中する心理状態を指します。

エンゲージメントを高めるには、自分の強みや興味を活かして、チャレンジへの意欲と自分のスキルがいい具合にバランスし合った活動に参加することが有効的です。この活動によってフローという心理状態になります。フローは、エンゲージメントに関連するポジティブな感情であり、仕事や活動への満足度やコミットメント（積極的な関わり）を高めます。エンゲージメントは、ウェルビーイングにつながっており、エンゲージメントが高い人は、人生に意味や目的を見出しやすく、ストレスや不安に強くなります。そのため、生き生きとした人生を送るための重要な要素の一つといえます。

保育・幼児教育においては、子どもたちに自分の好きなことや挑戦したいことに没入する機会を与えることで、特に集中力や創造力を育むことができるため、エンゲージメントを高める活動を積極的に取り入れる工夫が大切になります。また、保育者としても自分の能力や才能を子どもたちの成長のために発揮することは幸福感を得ることにつながります。

R：リレーションシップ（他者とのつながり・関係性：Relationships）

こんな時幸せな気持ちになりませんか？

●興味のあるグループに参加したとき
●よく知らない人に質問するなどして、相手をもっと理解したとき
●しばらく関わりのなかった人と連絡を取ったとき

このような時はリレーションシップが高まっています。

リレーションシップとは、パートナーや友人、家族や同僚など、他者との良好な人間関係のことです。リレーションシップは、他者に支えられ、愛され、大切にされていると感じることで、幸福度を高める効果があります。他者とは、パートナー、友人、家族、同僚、上司、コミュニティーが含まれます。人間は社会的な生き物であり、他者からサポートや愛情を受けたり、自分が他者に貢献したりすることでウェルビーイングが高まります。

保育・幼児教育においては、子どもたちや一緒に働くスタッフ、保護者などとの人間関係を大切にすることが、幸福感が高い状態で仕事をする一番重要なポイントになるでしょう。信頼、支え合い、共感のある良い関係性の中で働くことができるよう、お互いに思いやりの心を持つことが大切です。また、子どもたちにもお友だちや保育者、地域で見守ってくれている方々などとの気持ちの良い人間関係を築くことが大切であるという価値観や、そのためには挨拶や思いやり・優しさについての具体的な行動などを教えることで、社会性やコミュニケーション能力を育むことができます。

M：ミーニング（生きる意味や意義の自覚・有意義な人生：Meaning）

こんな時幸せな気持ちになりませんか？

●自分の価値観や信念が明確になったとき
●自分の所属するコミュニティやグループに関わったとき
●自分の強みや才能を活かして社会に貢献できたとき

このような時はミーニングが高まっていると言えます。ミーニングとは、自分の強みを活用し、自分の存在や行動が何か大きな価値や目標に貢献していると感じることです。例えば、家族や友人、社会や地球など、自分よりも大きなもののために生きるという感覚です。ミーニングを持つことで、自分の人生に方向性や意義を与えることができます。また、困難な状況に直面したときにも、ミーニングがあれば乗り越える力や希望を持つことができます。

保育・幼児教育の場面では、教育・保育（福祉）という自分の仕事が、子どものため、保護者のため、そして社会に大きく貢献しているという意義を自覚することで、やりがいや誇りを感じることでしょう。また、子どもに対しては、クラスの中でも、行事でも、何かの役割を与えられ、その責任を感じながらやり遂げることで、「みんなのために役立てている」という気持ちになり、ミーニングが高まることにつながります。

A：アチーヴメント（達成・成就：Achievement）

こんな時、幸せを感じることはありませんか？

●課題に挑戦して乗り越えた時
●他人から認められたりほめられたりした時
●新しいことを学んだり経験したりした時

この時、アチーヴメントによって、ウェルビーイングが向上しています。アチーヴメントとは、自分が目標や課題を達成したり、何かに努力して成功したりすることで得られる快感や満足感です。アチーヴメントは、自信や満足感を生み出すものであり、さらなる挑戦や成長につながる効果があります。達成感は自信を強められるため、幸福を感じられます。

保育・幼児教育においては、例えば、目標としていた行事が終え、子どもたちのやり切った姿を見ることができた時や、保護者の方々からの感謝の言葉をもらえた時に、達成感や自信、そして自分自身の成長を感じることがあるでしょう。そのような時に、アチーヴメントが高まり、幸福感を感じます。また、日々の保育の中で、子どもたちが自分の目標に主体的に挑戦することで、達成感や自信を感じさせるような保育をしていくことが大切です。そして、子どもたちが自分の力で何かを成し遂げたり達成したりすることを「認めてほめてあげる」ことで、アチーヴメントがより高まります。

以上のように、保育とポジティブ心理学のＰＥＲＭＡ理論は密接に関係しており、保育者はＰＥ

ＲＭＡ理論を参考にして、自分自身や子どもたちの幸福感を高めることができます。子どもたちに自分の得意なことや好きなことを発見させる活動を行なったり、感謝の気持ちや共感の能力を育てたり、目標設定や問題解決のスキルを教えたりすることで、子どものウェルビーイングが高まり、自己効力感や達成感を高めることにつながっていきます。ＰＥＲＭＡ理論を保育・幼児教育に是非取り入れ、ウェルビーイングの高い保育を実践していきましょう。

幸福学の視点「幸せを構成する四つの因子」

日本のウェルビーイング研究の第一人者である慶應義塾大学大学院の前野隆司教授は、ウェルビーイングの研究に対して、「幸福学」という言葉を使っています。幸福学とは、人がどうすれば幸せになれるのかを科学的に研究する学問のことです。幸福の対象には「地位財」と「非地位財」があります。地位財は他人と比較できるカネ・モノ・地位などの長続きしない幸せであり、非地位財は精神的、身体的、社会的に良好な状態、つまりウェルビーイングを指しています。

前野教授は、現代日本人一五〇〇人にアンケートを行い、データを解析して、幸せになるための条件を見つけ出しました。その条件とは、次の四つの因子です。

「やってみよう」因子（自己実現と成長因子）

図４：幸福学における幸せになるための４つの因子

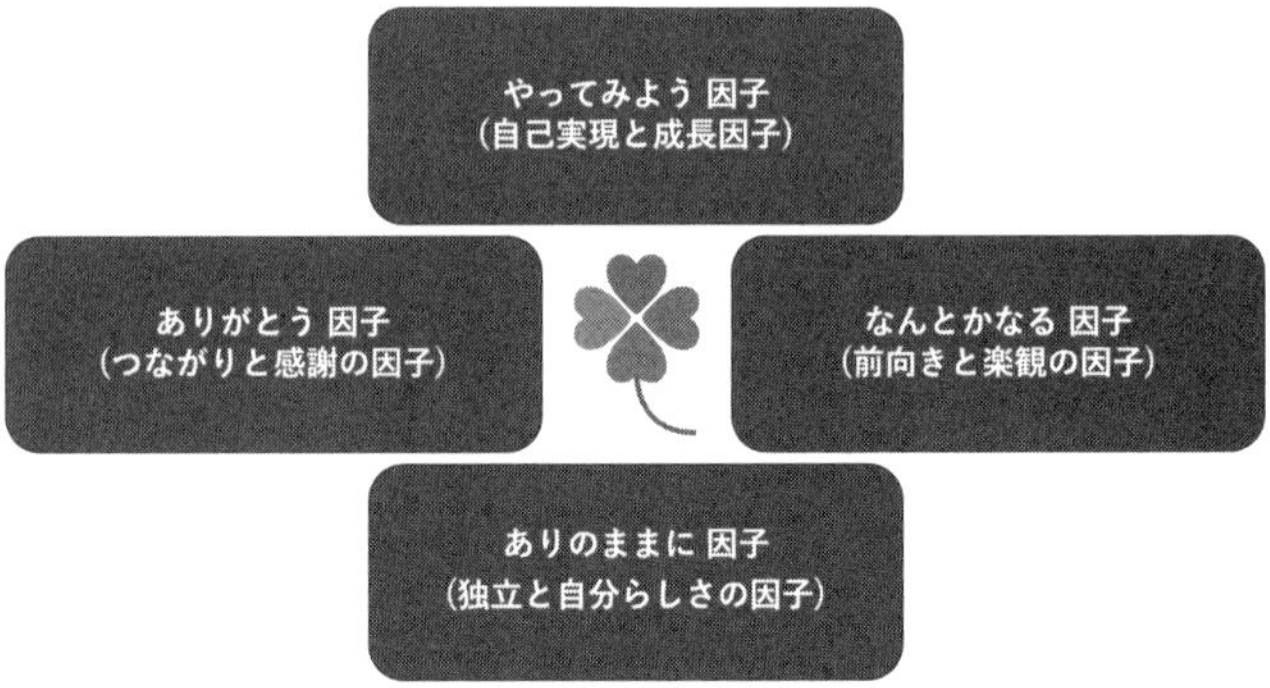

「ありがとう」因子（つながりと感謝の因子）
「なんとかなる」因子（前向きと楽観の因子）
「ありのままに」因子（独立と自分らしさの因子）

では、それぞれの因子について、その具体的内容と、保育・幼児教育における捉え方について詳しく解説していきます。

第一因子「やってみよう」因子（自己実現と成長因子）

やってみよう因子とは、自分の夢や目標に向かって主体的に努力を続けることで幸せを感じるという因子です。ＰＥＲＭＡ理論の「Ａ：達成」に近いものになります。自分が好きなことや心がワクワクするようなことに挑戦すると、自己実現や成長を感じられ、それが幸せにつながっていきます。やってみよう因子を高めるには、自分の興味や関心を広げて、新しいことにチャレンジしてみることが大切です。失敗を恐れずに、やってみよう！という気持ちを持ち、やりがいや強みを持ち、主体性の高い人は幸福度が高くなります。

やってみよう因子は乳幼児期から育てることが重要です。保育場面においては、例えば、以下のような方法でやってみよう因子を高めることができます。

●子どもの興味や関心に応じて、さまざまな活動や遊びを提供する。例えば、絵本やおもちゃ、工作や絵画、音楽やダンスなど、自分が好きなことや心がワクワクするようなことを選ばせる。

●子どもの自発的な行動や挑戦を認めて、ほめたり励ましたりする。例えば、「すごいね！」「よくできたね！」「どうやって作ったの？」「もっと見せて！」など、子どもの努力や成果を素直に評価する。

●子どもの失敗や困難に対して、責めたり怒ったりせずに、支援したり助言したりする。例えば、「大丈夫だよ！」「一緒に考えよう！」「次はどうしたらいいかな？」など、子どもの自信や希望をくじかせないようにする。

●子どもの意見や感想を聞いて、尊重したり共感したりする。例えば、「なんでそう思ったの？」「それは楽しかった？」「私もそう思うよ！」など、子どもの考えや感情を大切にする。

以上のように、保育・幼児教育の中でやってみよう因子を積極的に育成できます。この因子が高まれば、子どもは自分の可能性を一層広げていくことができるでしょう。

第二因子「ありがとう」因子（つながりと感謝の因子）

ありがとう因子とは、周りの人とのつながりを大切にし、感謝することで高まる因子です。ＰＥＲＭＡ理論の「Ｒ：リレーションシップ」に近いものになります。人間は進化の過程でみても社会的な動物であり、他人との関係性やコミュニケーションが幸せの源です。感謝の気持ちを伝えたり、助け合ったり、共感したりすることで、つながりや利他性が強まります。また、ありがとう因子を高めるには、自分と他人を比べないことが重要です。自分の価値観や能力を認めて、他人の良さも認めて、感謝の言葉を忘れないことが大切になります。

乳幼児期は、人間関係や社会性の基礎が形成される時期であり、感謝の気持ちや思いやりの心を身につけられる保育をすることで、子どもの自己肯定感やコミュニケーション能力が高まっていきます。また、日常のコミュニケーション場面においても感謝する視点を大切にすることで、ポジティブな感情が増え、人間関係上のストレスや不安の軽減が期待できます。

保育場面では、例えば、

●食事やおやつの時間に、食べ物を作ってくれた人や用意してくれた人に感謝の気持ちで「いただきます」の挨拶をする。

●一緒に遊んでくれたお友だちに対して、「ありがとう」と伝える。
●困っている友だちを助けたり、助けてもらったりするときに、お互いに感謝の気持ちを伝え合う。

このように、「ありがとう因子」は、保育・幼児教育の中で日常的に実践して高めることのできる因子です。感謝の気持ちを表現することで、自分も相手も幸せになれることを体験することで、「ありがとう因子」が高まっていくでしょう。

第三因子「なんとかなる」因子（前向きと楽観の因子）

「なんとかなる因子」とは、ポジティブに考えることであり、つねに「なんとかなる！」と考えていれば、必要以上に挑戦を恐れることなく、行動に踏み出しやすくなるという因子です。物事に対して楽観的な見方をすると、不安やストレスが減りますし、自信や希望も持ちやすくなります。なんとかなる因子を高めるには、自分の思考パターンを変えることが重要です。ネガティブな考え方は癖になってしまうので、意識的にポジティブな言葉やイメージを使ってみることが大切です。この要素は、ＰＥＲＭＡ理論の「Ｐ：ポジティブ感情」に近いものになるでしょう。

この因子は、保育・幼児教育においても重要な役割を果たします。乳幼児期は、何に取り組むにしても初めてのことばかりです。しかし、初めてのことに挑戦するには子どもといえど「勇気」が必要になります。自分に自信がなかったり、失敗するのが怖かったりすることもあるでしょう。そんなときに、保育者や周りのお友だちからの励ましにより、「なんとかなる！」という考え方を持つことで、チャレンジ精神や好奇心を持って新しいことに取り組むことができるようになります。

例えば、

●跳び箱などの運動遊びをする子どもが、限界を感じて諦めそうになっても、お友だちや保育者の励ましを受けて、勇気を出して挑戦する。

●製作をしている子どもが、自分の思い描いたイメージと違う色や形になってしまっても、否定せず受け止めてあげることで、工夫や改善する気持ちが芽生え、納得いくまで作ろうとする。

●初めて参加する運動会に緊張や不安がある子どもに対して、「楽しみだね。一緒に頑張ろうね」と声かけしてあげることで、前向きな気持ちで参加することができる。

以上のように「なんとかなる！」という前向きな気持ちは保育・幼児教育の多くの場面で培うことが可能です。保育者自身が前向きかつ楽観的な思考を持って子どもたちに接することで、「なんとかなる因子」は高まっていくことでしょう。

第四因子「ありのままに」因子（独立と自分らしさの因子）

ありのままに因子とは、独立性と自分らしさを保って生きていくことで幸福感が高まる因子です。

自分と他者とを比較せず、自分の好きなことや得意なこと、ワクワクすることを突き詰めていく中で、「ありのままの自分（本当の自分らしさ）」を見出します。揺るぎない自分軸を持つこと、自己を確立すること、自分らしさを自覚することが幸せにつながっていきます。そして、ありのままに因子を高めるには、自分に集中することが重要です。第二因子のつながりや感謝のために周囲と合わせることも大切ですが、人に合わせてばかりでは幸せとは言えません。他者との調和を考えながら、自分らしさも大事にするバランス感覚が大切です。前野教授は、この因子が高い人は、自分の好きなことや得意なこと、ワクワクすることをどんどん突き詰めていくことで、「本当の自分らしさ」にたどり着けると考えています。他人からの評価や期待に左右されずに、日頃から自分の心の声に耳を傾けてみることでありのままに因子は高まっていくことでしょう。この因子はＰＥＲＭＡ理論にはありません。前野教授がセリグマン教授が来日した際に、なぜ「ありのままに」といった因子がＰＥＲＭＡ理論にはないのかを質問したところ、「文化的にありのままでいることが当然の文化だからだ」との回答だったそうです。

　さて、保育・幼児教育では、この「ありのままに因子」を育むことが最重要であると言っても過言ではありません。なぜなら、幼児期は自己認識や自己表現が発達する時期であり、「僕は僕のまま、ありのままでいてもいいんだ」という自己肯定感が最大限に育まれるチャンスでもあるからです。そのような保育は多様性を認める保育によってかないます。子どもたちは「自分らしさ」を認められることで、自己肯定感や自信に良い影響を与え、幸福度が高まっていきます。
「ありのままに因子」と保育・幼児教育は、自己肯定感の育みに関連していることからも、極めて密接に関係していることが分かります。乳幼児期に「ありのままに因子」を高めることは、将来的にも幸せに生きるための基礎を築くことにつながるので、保育者としていつも心に留めておきたい視点と言えるでしょう。

このように、幸せを構成する四つの要因が、ウェルビーイングな保育を行う上での重要な視点となることがお分かり頂けたかと思います。人によって幸せの姿は違っても、幸せになるための基本のメカニズムは存在するということです。このような幸福学の視点を保育・幼児教育に取り入れていくことは、子どもや保育者自身、そして保護者のウェルビーイングを向上させていく上で、大きなメリットとなります。ぜひ、幸福学の視点を活用して、私たちも自分らしい幸せな保育の形を見つけていきましょう。

【文献】

（1）マーティン・セリグマン『ポジティブ心理学の挑戦』（宇野カオリ監訳、ディスカヴァー・トゥエンティ

ワン、二〇一四年）三三頁
（2）バーバラ・フレドリクソン『ポジティブな人だけがうまくいく3：1の法則』（植木理恵監修、高橋由紀子訳、日本実業出版社、二〇一〇年）七二頁

第二章　子どもの「非認知能力」を育む

非認知能力を育むことがウェルビーイングにつながる

ポジティブ心理学は、人間の幸せや強みなどを研究する心理学の分野です。ポジティブ心理学では、人間の発達を「欠陥の修正」ではなく、「可能性の開花」に重点を置いています。では、幼児期にどのような姿が可能性の開花につながるのでしょうか？

近年、子どもの自己肯定感やレジリエンスのほか、グリット（やり抜く力）、自己効力感、共感力、忍耐力、コミュニケーション能力、自制心などの、いわゆる「非認知能力」に関する現場保育者向けの研修会が増えてきました。その背景には、非認知能力を高めることが、子どもたちの学習や人間関係に大きな影響を与えるということや、心理的な健康や幸福感の向上にもつながるという認識が広まってきたこと、さらに、子どもたちが直面するストレスや不安の増加に対処するために、非認知能力を高めることが必要だという課題感が高まってきたことが考えられます。

幼児教育界で「非認知能力」という言葉が広まったのは、ノーベル経済学賞を受賞したジェームズ・ヘックマン教授による著書(1)が大ベストセラーとなったことがきっかけにあります。ヘックマン教授はその著書の中で、「大人になったときに経済的に成功するためには、幼少時の教育が影響する」、「就学前教育は後の人生に大きな影響を与える」、「幼少期に非認知能力を高めることが大切」と幼児教育における非認知能力に言及したことで、子育てをしている養育者や、保育・幼児教育の関係者から注目が集まりました。

ヘックマン教授が根拠としたのは、一九六二年から一九六七年にアメリカのミシガン州で行われた「ペリー就学前プログラム」と呼ばれた研究です。対象は低所得のアフリカ系五八世帯に生まれた三歳から四歳の子どもで、遊びや自主性を重んじる教育プログラムが実施されました。研究対象となった子どもたちは、三〇週間のプログラム期間中に毎日午前中に二時間半ずつ学びます。授業内容は勉強ではなく、遊びによる「自主性を重んじる教育」が中心です。また、教師による週一回の家庭訪問により、九〇分間の自主性を高める教育が行われました。

そして、そのプログラムの対象者と非対象者のグループを、四〇歳になるまで追跡調査したところ、就学前教育プログラムの対象者は、非対象者と比べて、「六歳まではＩＱテストや学力テストの結果が高い」、「学歴が高い」、「生活保護受給率や逮捕率が低い」という結果が明らかとなり、就学前に適切な教育を受けることで、経済的な成功の他、様々な面で、その後の人生に大きな影響を受けるということが実証されました。

ポジティブ心理学を保育・幼児教育で活用する最大のメリットは、子どもの多様な非認知能力を高められることにあると言っても過言ではないでしょう。それほど、ポジティブ心理学と非認知能力は密接な関係にあります。

具体例として、保育士がクラスでポジティブ心理学的な活動を行った場合を想像してみましょう。例えば、保育士が毎日クラスで「今日あった良いこと」を共有したり、「自分のいいところ（強み）」を発見したり、「お友だちへの感謝」を表現したりするように促すとします。このような活動は、子どもたちにポジティブな感情を育てることにつながります。また、お友だちに対する理解が深まり、お友だちの気持ちを尊重することにもつながるでしょう。さらに、子どもたちに健全な価値観が育まれ、自分の目標を明確にし、自分の行動に責任を持つようになります。

これらのことから分かるように、ポジティブ心理学を用いた保育活動のプロセスは、子どもの非認知能力を育みウェルビーイングを高める上で、必要不可欠な要素となります。

この章では、子どもの非認知能力の中でも、主に重要とされる「セルフエスティーム（自己肯定感）」、「レジリエンス（心のしなやかさ）」、「グリット（やり抜く力）」の三つの能力を育む保育・幼児教育について、ポジティブ心理学の視点から紹介したいと思います。

セルフエスティーム：ありのままの「自分軸」で生きる

自己肯定感とは、心理学で使われる「セルフエスティーム（self-esteem）」の和訳で、「自分の価値や能力に対する肯定的な評価や信頼」のことを言います。自分の長所も短所も含めた、ありのままの自分を受け入れ（自己受容）、自分を価値ある存在として、まるごと肯定する感情のことです。「自己肯定感」という言葉以外にも、「自尊心」・「自尊感情」という使われ方もしますが、言葉の意味は似通っており、言葉の定義上、明確な違いはありません。

自己肯定感は、大きく三つのカテゴリーに区別されています。

一つめは、勉強やスポーツ等を通じて他者と競い合うなど、自らの力の向上に向けて努力することで得られる達成感や他者からの評価等を通じて育まれる自己肯定感です。例えば、頑張って勉強した結果テストで一番を取れたとき、努力して描いた絵が先生や友人にほめられたときに得られる自己肯定感が該当します。自らの努力や能力、あるいはその成果に対して、他者から肯定的な評価や反応を受けたり、他者と比べて優れていると感じたりすることにより育まれる自己肯定感です（他者評価等に基づく自己肯定感）。

二つめは、自らのアイデンティティに目を向け、自分の長所のみならず短所を含めた自分らしさや個性を冷静に受け止めることで身につけられる自己肯定感です。この自己肯定感は、他者が直接関係しません。自分には、頑張れないことや努力が続かないこと、至らないところや未熟なところがあることを認識し、そうした自分を否定するのではなく、自らの望ましくない部分も、自らを構成する重要な個性として冷静に受け止め、受け容れることで得られる自己肯定感です（自己受容に基づく自己肯定感）。

さらに、「良い子にしていたら愛する」といった、何らかの条件づけられた愛情ではなく、その子がどのような存在であれ、ありのままを無条件に受け止め、受け容れるという意味での保護者等からの愛情によって育まれる自己肯定感もあります。保護者等から愛情を受け、自分が無条件に受け容れられているという経験を積み重ねていく中で、子どもが自らの全存在を肯定していくことで育まれる自己肯定感です（絶対的な自己肯定感）。

「自己受容に基づく自己肯定感」は、「絶対的な自己肯定感」を基盤にして、青年期ごろに育まれます。乳幼児期において、保護者等からの愛情を受け、自分が無条件に受け容れられる経験を積み重ねることにより、自らの全存在を肯定していくことができるようになった（「絶対的な自己肯定感」が育まれた）子どもは、青年期に達し、自分を十分に客観視できるようになった段階において、「短所を含めた自分らしさや個性を冷静に受け止める」ことができるようになり（「自己受容に基づく自己肯定感」が得られ）ます。

自己肯定感が高い人は、自分に自信があり、挑戦的な目標を設定し、失敗にも強く、幸福感や満足感が高いと言われています。そのため、自分に自信を持って前向きに生きることができます。

一方、自己肯定感が低い人は、自分に対して否定的で、劣等感や不安を抱きやすく、自分にとって都合の悪いことは興味のないふりをして、関わるのを避ける傾向が強く、ストレスやうつ病になりやすいと言われています。マイナス思考になりやすく、人間関係や学業・仕事などにも影響が出ることがあります。

これらのことからも分かるように、自己肯定感は人生を幸せに生きていく上で、非常に重要な要素であり、自己肯定感の形成には、以下の、「幼少期の保護者等との関係」と「保育（教育）環境」が大きく影響しています。

幼少期の保護者等との関係

幼少期に、保護者（または保護者に代わる存在）から愛情や承認を受けた子どもは、「自分は大切で価値がある」という基本的な信頼感を持ちます。これが自己肯定感の土台になります。逆に、保護者等から無視や拒絶、暴力などを受けた子どもは、自分は愛されないで価値がないという不安や劣等感を抱き、自己否定感を持つ原因となってしまいます。

保育（教育）環境

保育・教育環境（保育園や幼稚園、学校など）も、自己肯定感に影響を与えます。子どもは、基本、主観的にしか、自分自身のことを捉えることができません。しかし、保育者や教師、友人との関わり合いは、自分の能力や適性を客観的に知る良い機会となります。また、乳幼児期に経験する「遊び」や、児童期の学習・クラブ活動等で、挑戦体験や成功体験を積むことで、自分に自信を持つことができるようになります。逆に、保育者や教師、友人からの批判や嫌がらせが、自分の能力や適性を否定する要因となったり、失敗した体験をネガティブな受け止め方をしてしまうことで、自分自身に対して不安を持つようになったりします。

このように、保護者等や保育者・教師からの、賞賛や助言、励ましなどのポジティブなフィードバックは、子どもの価値観や、物事に取り組む上での目標設定に影響を与え、自分の価値や能力をより高める効果があります。周囲の大人による優しく、温かみのあるポジティブなサポートによって、子どもの自己肯定感を高めることができる、ということを覚えておきましょう。

自己肯定感を高める保育をする上で、まずすべきことは、以下のような、具体的な「自己肯定感の高い子ども像」をイメージすることです。

●自分の長所や強みを見つけて認めることができる子ども
●自分の気持ちや考えを素直に表現することができる子ども
●失敗を恐れずにチャレンジすることができる子ども
●批判や評価に左右されずに自分らしく生きることができる子ども

●他者と比較せずに自分のペースで進むことができる子ども
●ほめ言葉や助言を素直に受け入れることができる子ども
●感謝や尊敬の気持ちを伝えることができる子ども

そして、この「自己肯定感の高い子ども像」を、保育活動をしていく上での「ねらい」としていきます。

その「ねらい」をもとに、以下のような関わり方をしていくようにしましょう。

●子どもたちが興味や関心を示すものに対して、積極的に触れさせたり、質問したり、調べさせたりすることで、自分の好きなことや得意なことを見つける機会を与える。
●子どもたちが自分の考えや感情を表現するときに、保育者がそのありのままを受け止め、共感したり、ほめたりすることで、自分の表現が認められる喜びを感じさせる。
●お友だちと遊んだり協力して物事に取り組む際に、保育者が介入しすぎずに、幼児同士で仲間づくりやルールづくりなどを話し合わせたり決めさせたりすることで、自分の意見や気持ちを主張する力を育てる。
●失敗したり困ったりしているときに、保育者がすぐに助けずに、自分で考え、試行錯誤することを促すことで、自分で問題を解決する能力を養う。

より具体的な自己肯定感を高める保育活動は、日常の遊びから季節の行事に至るまで、様々ありますが、その活動に先ほども挙げた「子ども像」を「ねらい」として保育することを心がけるようにしましょう。一つ例に挙げるとすれば、「自分の長所や強みを見つけて認めることができる子ども」をねらいとした保育では、保育者や教師は、子どもの長所や強みを積極的に見つけて、その点についての「声かけ」をしていきます。その際、単に「すごいね」「上手だね」というだけではなく、「〇〇くんは、こんなところがすごいね」「〇〇ちゃんは、こんなところが上手だね」と具体的に伝えることが重要になります。また、「〇〇くんは、こんな風に考えたんだね」「〇〇ちゃんは、こんな風に感じたんだね」と子どもの思考や感情にも関心を示しましょう。これによって、子どもは自分の長所や強みを認識し、自分の価値を感じることができるようになるでしょう。

レジリエンス：「心のしなやかさ」で逆境を乗り越える

次に、保育・幼児教育における「レジリエンス」について解説していきます。

「レジリエンス」という言葉はご存知でしょうか？　レジリエンス（resilience）とは、元々は物理学の用語で、物質が外力によって変形され、元の形に戻る時の力のことを指しています。例えば、ゴムやスポンジは握ったり潰したりしてもすぐに元の形に戻るので、「レジリエンスが高い」と言えます。ところが、最近になってこの言葉は、心理学や経営学などの分野でも使われるようになりました。

二〇二〇年十一月に、日本人宇宙飛行士・野口聡一さんらが乗る新型の宇宙船に「レジリエンス」

と名づけられました。この時は、コロナ禍真只中で、そのコロナに打ち勝つ！という思いを込めて、「レジリエンス」と名づけられたということです。このように、レジリエンスという言葉は、最近になってよく聞くようになりましたが、その意味や重要性については、まだ十分に理解されていないかもしれません。

ここでは、人間心理におけるレジリエンスについてご紹介します。アメリカ心理学会では、レジリエンスとは、「逆境やトラブル、強いストレスに直面したときに、適応する精神力と心理プロセス」と定義しています。一言で言えば、「心のしなやかさ（回復力）」です。レジリエンスが高い人は、挫折や失敗を乗り越えて前向きに生きることができ、逆にレジリエンスが低い人は、心身の不調やうつ病などのリスクが高まってしまいます。レジリエンスも自己肯定感と同様に、生まれつき決まっているものではなく、環境や経験によって変化するものであり、意識的に鍛える（高める）ことが可能です。

レジリエンスを鍛える方法には、「**底打ち**（精神的な落ち込みから抜け出し、下降を底打ちさせる段階）」、「**回復・立ち直り**（レジリエンス・マッスルを使って、再起する段階）」、「**教訓化**（過去の逆境体験から一歩離れて高い視点から俯瞰する段階）」という三つのステップがあります。それぞれのステップについて解説します。

図５：レジリエンスを鍛えるステップ

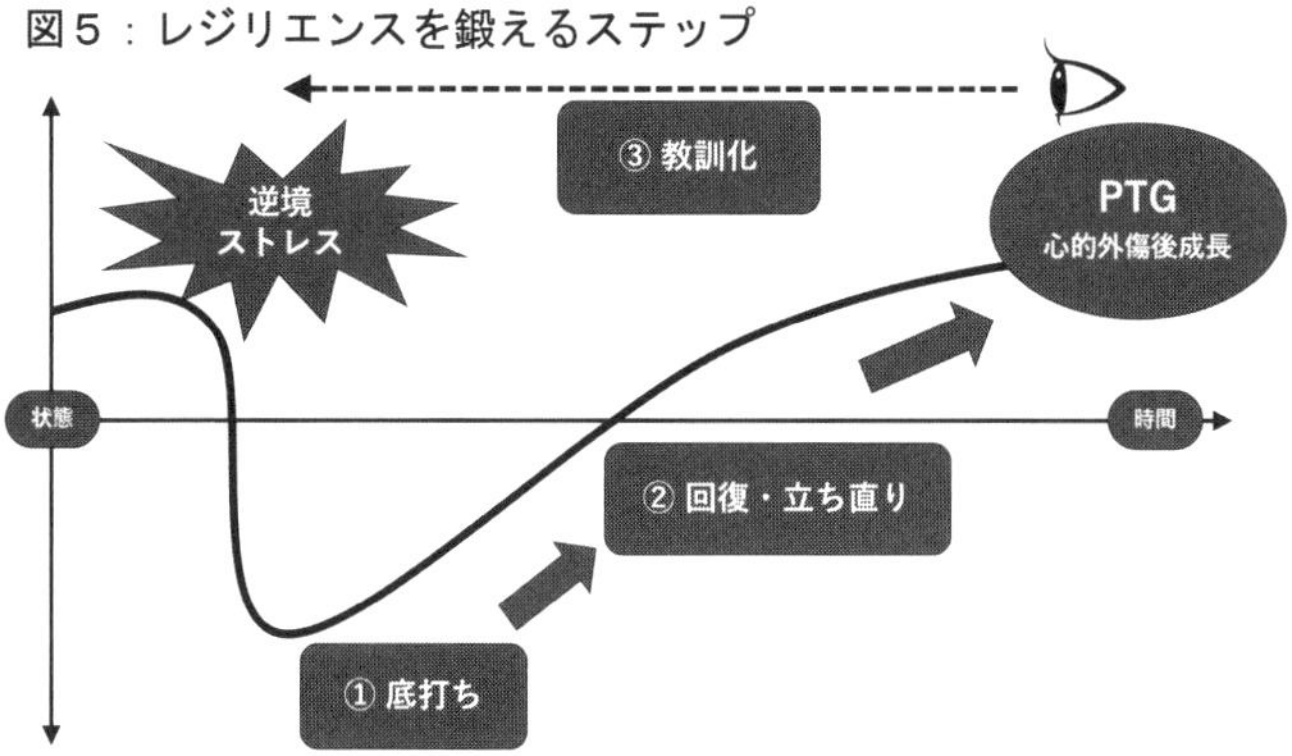

まず、第一ステップの「底打ち」とは、逆境に遭ったときに、自分の感情や状況を受け入れる段階です。ネガティブな感情を抑え込んだり、現実から目を背けたりするのではなく、自分がどう感じているか、どういう問題に直面しているか、正直に認めることが大切になります。また、ネガティブな感情を反芻させないために、運動してみたり、好きな音楽を聴いたり、ゆっくり深呼吸してみたり、自分にあった「気晴らし」の方法をとるようにして、悪循環のサイクルを断ち切ります。そうすることで、精神的な落ち込みから抜け出し、下降を底打ちさせるとともに、自分の心に余裕が生まれ、次の行動に移りやすくなります。

次に、第二ステップの「回復・立ち直り」とは、逆境から抜け出すために、具体的な解決策を考えて実行する段階のことです。自分にできることから始めて、小さな成功体験を積み重ねることがポイントになります。また、自分だけで悩まずに、周囲の人から助けを求めたり、支えになる人と話したりしながら、心の筋力「レジリエンス・マッスル（再起するための筋肉）」を使って再起していきます。

「レジリエンス・マッスル」とは、困難に立ち向かい、再起するために必要な心理的筋肉のことで、イースト・ロンドン大学のイローナ・ボニウェル博士によって名づけられました[2]。レジリエンス・マッスルは、逆境を乗り越えるために使う心理的な「たくましさ」の源です。ストレス度の高い体験から、自分のメンタルや、自尊心を守る緩衝材としての役割も果たしてくれます。レジリエンス・マッスルが平時にどれだけ鍛えられているかが、「外的なストレスに対する耐性の違い」や、「有事に困難な壁を乗り越えられるかどうか」に表れてきます。

そして、レジリエンス・マッスルの鍛え方の一つとして、「自己効力感」を強化することが挙げられます。カナダ人の心理学者で、現在はアメリカ・スタンフォード大学心理学部教授であるアルバート・バンデューラ博士は、自己効力感を「その人の持つ目標や成果の達成への自己の能力への確信と信頼[3]」と定義しています。分かりやすく一言で説明すると、「自分には何かを成し遂げる能力があると信じている」という感情のことです。自己効力感が高い人は、困難な状況においても、自分の力で解決できると考えるため、レジリエンスが高まります。自己効力感を強化する方法としては、過去に成功した経験を思い出したり、自分の長所や強みを認識したり、目標を細かく分割して小さな成功体験を得たりすることが有効です。

レジリエンス・マッスルのもう一つの鍛え方として、心の支えとなる支援者（サポーター）をつくり、サポートを受けることも有効です。そのサポートとは、家族や友人などからの心理的・物質的・情報的な援助や励ましです。サポートを受けることで、孤独感や不安感が減少し、ストレス耐性や自尊感情が向上します。サポートを受ける方法としては、積極的に人とコミュニケーションを取ったり、信頼できる人に相談したり、共感や感謝の気持ちを表現したりすることが有効です。サポートがある人は、逆境に遭遇した時でも周囲からの応援やアドバイスを得られるため、希望や勇気を持って乗り越えることができます。

最後の、第三ステップの「教訓化」とは、逆境（痛い体験）から意味を見つけて、自分の成長につなげる段階のことです。逆境は自分を成長させるチャンスにもなり得ます。過去の逆境体験から一歩離れて高い視点から俯瞰し、自分がどう変わったか、どう強くなったか、どう向上したかを振り返ってみることで、一連の出来事を「学び」として「教訓」に変えることができます。そして、今後同じような逆境に遭わないように、予防策を考えるようになります。

また、不幸に感じるような体験、心に痛みを感じるような体験をした人の中には、素晴らしい自己成長を遂げる人がいます。予期せぬ問題に直面し、心や感情が揺さぶられるような辛い体験をし、それを乗り越えたときに達成できる心理的な成長があります。その成長は、「ＰＴＧ（心的外傷後成長）」と呼ばれています。

米国のノースカロライナ大学のリチャード・テデスキ博士はＰＴＧを「非常に挑戦的な人生の危機で、もがき奮闘した結果起こる、ポジティブな変化の体験[4]」と定義しています。自分の力ではどうにもならないような危機をもがき苦しみながらも努力の結果乗り越えたときに、「ポジティブな変化」がその人の内面で生まれます。具体的には、ＰＴＧを体験した人は、毎日の生活の中で、感謝の念を感じるようになったり、大いなる自信が湧いてきたり、人生観・価値観等が根底から変化したりします。そして、感謝の念、人間関係の変化、そして自分自身の強さを認識することで、視野が広がっていきます。それにより、人生に新たな可能性が見えてきて、新しい道が開けていきます。

保育・幼児教育の場面では、大きな挫折を味わう体験などあまりないかもしれませんが、日常生活の中で、自分の思い通りにいかない小さな困難や逆境はよくあります。保育者は、その小さな困難や逆境にある子どもの状態を見逃さず、ポジティブなフィードバックをしたり、励ましを送ったりして、その小さな逆境を乗り越える経験を繰り返しさせていくことで、子どものレジリエンスを育てることができます。

レジリエンスが高まった子どもは、失敗や挫折にめげずに、自分の目標に向かって努力し続けられるようになります。さらに、自分の感情に振り回されずに、適切にコントロールしたり、他人の意見を尊重することができるようになるため、感情的なトラブルをうまく回避し、協調性を発揮して、柔軟な人間関係を築くこともできます。これらの能力は、ストレスフルな現代社会を生き抜く上で、最も必要となる能力であると言えるでしょう。

このように、レジリエンスという名の「心のしなやかさ」を育むことの大切さを保育者が理解し、日々の保育の中で実践することは、子どものウェルビーイングに直結し、子どもだけでなく、家族や地域、社会全体の幸福にもつながります。ぜひ、この「心のしなやかさ」を忘れずに、保育を実践していきましょう。

グリット：才能やIQや学歴よりも「やり抜く力」

グリット（GRIT）とは、「やり抜く力」と邦訳されている言葉で、ペンシルベニア大学のアンジェラ・リー・ダックワース教授が提唱しました(5)。

- Guts（ガッツ）：困難に立ち向かう度胸や闘志
- Resilience（レジリエンス）：失敗しても諦めずに続ける粘り強さ
- Initiative（イニシアチブ）：自ら目標を定め取り組む自発性
- Tenacity（テナシティ）：最後までやり遂げ　る執念

図６：ダックワース教授が提唱した「グリット（GRIT）」

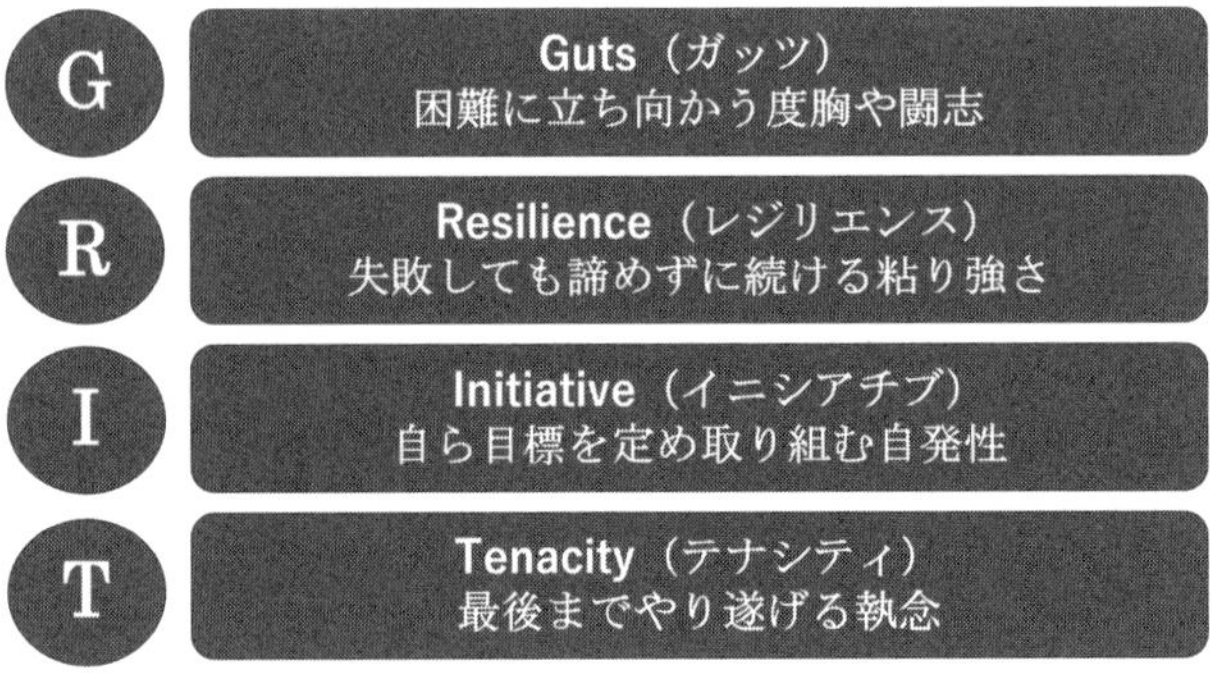

G	**Guts**（ガッツ） 困難に立ち向かう度胸や闘志
R	**Resilience**（レジリエンス） 失敗しても諦めずに続ける粘り強さ
I	**Initiative**（イニシアチブ） 自ら目標を定め取り組む自発性
T	**Tenacity**（テナシティ） 最後までやり遂げる執念

以上の四つの頭文字をとって「グリット（ＧＲＩＴ）」と言われています。

ダックワース教授は、グリットを「perseverance and passion for long-term goals」と定義しています。[6]グリットは、長期的な目的（long-term goals）を達成するための「情熱（passion）」と「粘り強さ（perseverance）」の二つの要素によって構成されているという意味です。

ダックワース教授は、「成功要因は何か」という研究に取り組んだ一人です。彼女は経営コンサルタントから教師に転職します。数多くの生徒を指導し、評価をする段階で彼女はあることに気づきました。

●成績上位の生徒が必ずしもＩＱが高いわけではないこと

●成績が下位の生徒が必ずしもＩＱが低いわけ

ではないこと

この気づきから、できるようになること（成功）にＩＱ数値は関係がないという仮説を得たのです。その後、ダックワース氏は心理学者となり、複数の専門的な調査と研究によってその仮説を検証します。研究や調査の対象となったのは、以下のような人たちです。

●軍事教育学校の入隊者のうち、厳しい訓練に耐え切る人と中途退学する人
●英単語スペル暗記大会（スペリング・ビー）で勝ち残る生徒たち
●過酷な環境の中で働く教育現場の先生
●一般企業の営業担当者

このような分野の違う人について研究した結果、成果を出す人（成功する人）にある共通点を見出しました。その共通点が、目的・目標に向かって粘り強く「やり抜くこと」でした。そして成果を出す人（成功する人）は、「やり抜く力（グリット）」が高いという結論に行き着きます。逆に、成功を左右するものは、学歴、家庭環境、外見、ＩＱ、身体能力、天賦の才能などではないということが分かりました。

この「やり抜く力」を身につけることが、将来の成功や幸せに大きく関わっているということから、幼児期からの人間形成において重要な要素の一つといえます。

グリットを育むためのプロセスとして、ダックワース教授は以下の四段階が重要であるという仮説を立てています。

①【興味】他の人がつまらないと感じるようなことにも興味を持ち、楽しんでいる。目的を達成することに喜びを感じている。

②【練習】より高い目標を常に設定し、それを達成するプロセスを粘り強く継続している。

③【目的】自分が他の人の役に立っていることを認識している。

④【希望】どんな困難に直面しても、「やればできる」という希望を失わない。

このプロセスをベースに、幼児期の子どものグリットを育むためには、保育者として何ができるか考えてみたいと思います。具体的には、以下の三つのポイントに絞ることができると考えられます。

一つめは、「子どもの興味や好奇心を尊重する」ことです。子どもは、自分が興味や好奇心を持ったことに対して、自発的に取り組みます。そのときに、保育者が子どもの気持ちを尊重して、応援したり、励ましたりすることで、子どもは自信や達成感を感じます。これが、グリット（やり抜く力）の基礎になります。逆に、保育者が子どもの興味や好奇心を無視したり、否定したりすると、子どもは挫折感や無気力感を抱きます。これでは、グリット（やり抜く力）は育ちません（本人の想いを尊重したサポート）。

二つめは、「子どもに適度な挑戦を与える」ことです。子どもにやり抜く力をつけさせるには、適度な挑戦を与えることも必要です。適度な挑戦とは、子どもが自分の能力を少し超えて取り組めるような目標や課題のことです。課題が簡単すぎると退屈し、難しすぎると挫折しやすいため、幼児の能力や発達段階に合わせて調整することが大切です。このような挑戦に取り組むことで、子どもは困難に立ち向かう姿勢や問題解決能力を身につけます。また、挑戦を乗り越えたときの喜びや充実感は、子どものモチベーションを高めます（適切な挑戦課題の提供）。

最後は、**「子どもの努力や成長を認めてほめる」**ことです。子どもにやり抜く力をつけさせるには、保育者が子どもの努力や成長を認めてほめることも重要です。保育者が子どもの努力や成長を認めてほめることで、子どもは自信や達成感を高め、自分の価値を感じます。これは、自己肯定感や自尊心の向上につながります。自己肯定感や自尊心が高い子どもは、自分の目標や夢に対して積極的に取り組みます。逆に、保育者が子どもの努力や成長を無視したり否定したりすると、子どもは自分を責めたり見下したりするので、グリット（やり抜く力）は育ちません（認めてほめるフィードバック）。

以上のように、保育者は子どもにグリット（やり抜く力）を身につけさせるために、「本人の想いを尊重したサポート」、「適切な挑戦課題の提供」、「認めてほめるフィードバック」を行っていくことが必要です。保育者は、子どもの成長を見守りながら、子どもに「グリット（やり抜く力）」を育む機会を多く提供していくことが望ましいと言えるでしょう。

【文献】
（1）ジェームズ・J・ヘックマン『幼児教育の経済学』（古草秀子訳、東洋経済新報社、二〇一五年）
（2）イローナ・ボニウェル『ポジティブ心理学が1冊でわかる本』（成瀬まゆみ監訳、国書刊行会、二〇一五年）二九九頁
（3）アルバート・バンデューラ『激動社会の中の自己効力』（本明寛訳、金子書房、一九九七年）一二頁
（4）Tedeschi, R. G., & Calhoun, L. G. "The posttraumatic growth inventory: Measuring the positive legacy of trauma." *Journal of Traumatic Stress*, 9, 1996, 455.
（5）アンジェラ・ダックワース『やり抜く力―人生のあらゆる成功を決める「究極の能力」を身につける』（神崎朗子訳、ダイヤモンド社、二〇一六年）一二三頁
（6）ダックワース、前掲書八二頁

第三章　子どものウェルビーイングを高める

安心の土台「アタッチメント（愛着）」の形成

保育園に入園した際、子どもが保育園に慣れるために、「慣らし保育」という期間があります。初めてお父さん、お母さんから離れて、保育園で過ごすことになるため、ほとんどの子は大泣きします。しかし、最初の数日は、保護者の方と離れるのが嫌で泣いていますが、次第に保育士さんが優しく声をかけたり、抱っこしたりしてくれたおかげで、信頼関係が築くことができ、だんだん慣れてきます。また、保護者の方が迎えに来ると、笑顔で駆け寄っていきます。このような乳幼児が安心できる人との関係を築くことで、母親以外の人とも交流できるようになるのが、「アタッチメント」の発達です。

ボウルビィがアタッチメント理論を公表してから半世紀が経ちますが、その重要性は色褪せていません。

アタッチメント（attachment）とは、子どもが生まれたときから形成される、養育者との安心感や信頼感のことで、日本語の心理学用語では「愛着」と訳されます。

ヒトを含む多くの動物の子どもは、危機的な状況に置かれると、自分より有能で頼りになる個体に接近し、接触することで不安や怖れを低減しようとします。ボウルビィは、このような人間の乳幼児が、泣きや発声で養育者を呼び寄せ、しがみつくなどの行動によって安全感や安心感を得ようとする傾向を「アタッチメント」と定義し、養育者が子どものこうした行動に応答することによって、子どもが養育者に対して特別な情緒的な絆を築くと述べています。(1)

保育所保育指針（厚生労働省）では、「乳児期において、子どもは身近にいる特定の保育士等による愛情豊かで受容的・応答的な関わりを通して、相手との間に愛着関係を形成し、これを拠りどころとして、人に対する基本的信頼感を培っていく」としています。長時間一緒に過ごす保育士等はアタッチメント形成の対象であり、同時に、その重要性を深く学んでいるプロである必要があります。

保育園や幼稚園では、様々な家庭環境に置かれた子どもが通っており、なかには、家庭内で「虐待」を受けていて、園から児童相談所へ通告するようなケースも発生します。グレーゾーンの状態に該当する子どももいて、例えば、父親から母親への暴力（ＤＶ）と同時に、子どもへの虐待も行われ、その後離婚し、シングルマザー世帯となった子どもが、心にダメージを受けた状態で通ってくるといった場合などもあります。

これまでのアタッチメント研究では、虐待を受けた児童は、養育者（保護者）とのアタッチメント形成の欠如がみられる場合が多いことが明らかになっています。ここで、虐待に関連した養育者と子どもの特徴を紹介します。(2)

●養育者は、精神的に不安定で、突発的に言動に変調を来し（虐待行為を含めて）、パニックに陥ることがある。これらは、子どもにとっては理解できない行動である。

●養育者自身が、外傷体験などの心理的な問題を抱えている場合が多い。このような養育者の行動は子どもに恐怖感をもたらし、子どもはどのように自分が行動をとってよいか分からなくなり、混乱を来す。

●子どもは、顔をそむけた状態で養育者へ接近し、養育者にしがみついたかと思うと床に倒れ込む行動などを示す（近接と回避という本来両立しない行動が同時に、あるいは経時的に見られる）。

●不自然でぎこちない行動をしたり、突然すくんでしまったりと、行動に一貫性がない。

●時折、養育者の存在におびえるような素振りをみせる。

このような状況の子どもに、第三者である保育士等が対応しようとしたとき、相当な困難があることが予測できると思います。子どもは、自己や他者への信頼も、自らの望みにしたがって行動することもできず、健全な発達が阻害されています。保育士等を信頼せず、自らに危害を加える存在のように身構え、保育士等を裏切りだますような行為は日常茶飯事のことです。児童養護施設などで社会的養護を専門とするベテランの養育者であっても、注ぐ愛情とは裏腹の裏切り行為に会い、心が折れるほどの体験をしています。

保育士等は、虐待を行う養育者の養育態度を変えることまではできないにしても、子どもとのアタッチメント形成によって子どものウェルビーイングを高めることは可能です。保育士等ができるアタッチメント形成について、以下の二つのポイントをご紹介します。

①子どものサインに敏感に反応する

子どもは言葉で伝えられないことも多くありますが、泣いたり笑ったりするなど様々なサインで自分の気持ちやニーズを表現しています。保育士等は、そのサインに敏感に反応するということが大切です。サインに対してしっかり反応してあげることで、子どもに「伝わっているよ」「私はきみを理解しているよ」というメッセージを伝えることができるからです。泣いている子どもに対しては、「何か嫌だったことがあったかな?」「どうしたの?」と優しく声をかけたり、抱きしめたりすることで、安心感や信頼感を与えることができます。

②子どもの気持ちをありのままに受け止める

子どもの感情を受け止めるということも重要です。子どもはその生活の中で様々な感情を経験しますが、その感情を否定されたり無視されたりすると、自分の感情が間違っていると思ってしまいます。子どもの感情をありのままに認めてあげることで、「私はあなたの気持ちを大切にしている」

図7：アタッチメント形成と子どものウェルビーイング

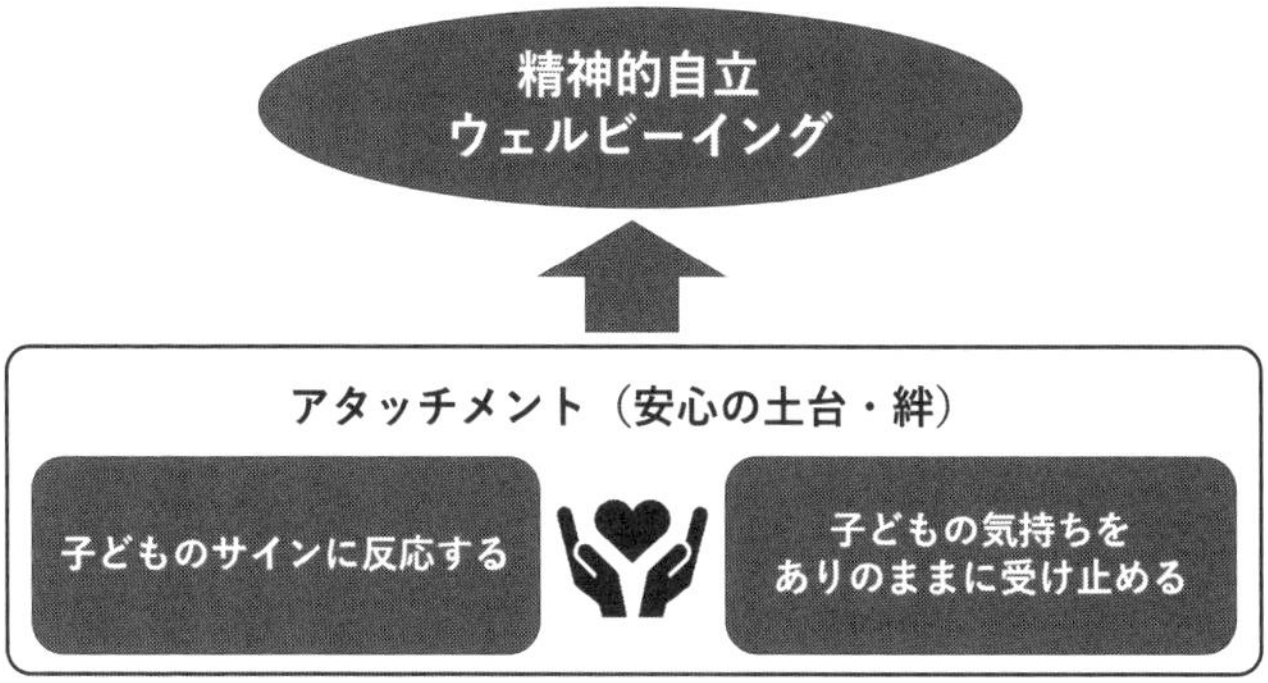

というメッセージを伝えることができます。怒っている子どもに対しては、「何が嫌だったの？」と聞いたり、話を聞いたら「だから怒っているんだね」と言ってあげたりすることで、心理的に安定し、自己肯定感を高めることができます。

このように、アタッチメントの形成には、保育士等が子どものサインに敏感に反応し、愛情を持って適切なケアを行うことが重要です。泣いたり笑ったりと、アクションがある度に、温かく声をかけたり、抱きしめたり、目を見たりすることで、子どもは自分が大切にされていると感じます。また、子どもの興味や関心事を聞き取ったり、自主性を尊重したりすることで、子どもは自分の能力や価値を認められていると感じます。このような保育の営みを通じて、子どもは保育士等との間に「絆」を築いていきます。「安心」の土台となるアタッチメントは、子どものウェルビーイング（心の健康や発達）にとって非常に重要な要素です。保育の九九％はアタッチメントで決まるといっても過言ではないと私は思っています。是非、日々の保育の中でアタッチメント形成を心がけて実践してみてください。

「遊び（体験）」を通じて自己効力感を育てる

「桃太郎」、「オズの魔法使い」と聞いて、その名を知らない人はいないと思います。はるか昔から子どもたちに人気のある作品です。この二つの作品は、なぜ廃れることなく、何年も愛し続けられるのでしょうか。その理由は、これらの物語は、子どもたちが自分の「挑戦」に向き合うときの擬似体験になっているからであると私は考えています。

これらの二つの物語は、子どもが自分の力を試しながら冒険に出かけるというテーマを扱っています。桃太郎は、鬼ヶ島に住む鬼たちを退治するために旅立ち、オズの魔法使いでは、ドロシーは自分の家に帰るためにオズの国を探検します。桃太郎は犬、猿、キジと出会い、ドロシーはかかし、ブリキ男、臆病なライオンといった、仲間を見つけて助け合います。また、両主人公は目的を達成するまでの過程で、自分自身や仲間の価値を見出していきます。これらの物語の内容は、子どもたちに、勇気や友情や正義などの大切なことを教えてくれ、自分が「挑戦」に向き合う時の擬似体験として、子どもたちにとって憧れや共感の対象となっています。

子どもたちは、遊び（体験）を通して、自分の能力や可能性を発見し、「挑戦」することができるようになります。遊び（体験）は、子どもたちにとっての「学習」の場であり、学びそのものです。「挑戦」のある遊び（体験）は、創造力や想像力、協調性や自己表現力など、さまざまな非認知能力を育む機会にもなります。また、子どもたちの感情を豊かにし、他者との関係性を築くことにも寄与します。つまり、「挑戦」のある遊び（体験）は、子どもたちのウェルビーイング（心身の健康や幸せ）を高める重要な要素と言えます。

ところが、現代社会では、子どもたちが「遊び（体験）」を十分に楽しめる環境が整っているとは言い難い状況です。幼児期から家庭での勉強（早期教育）や習い事に追われる子どもたちがいたり、自由に遊ぶ時間が減っている子どもも多くいます。また、都市化やＳＮＳの普及により、子どもたちが自然や社会と触れ合う機会が少なくなっています。さらに、コロナ禍により、外出や友だちとの交流が制限されることもありました。そのため、遊び（体験）を通じた「挑戦」の機会が失われていることが危惧されています。

そもそも、遊びとは何でしょうか？　遊びとは、一言で言えば「自発的で、楽しくて、創造的な活動」のことです。遊びには様々な種類がありますが、例えば、友だちと一緒におままごとをしたり、砂場で城を作ったりするような遊びや、木の枝で音を出したり、水たまりで波を作ったりするような遊びなどがあります。これらの遊びは、子どもが自分の興味・関心・好みに基づいて行う遊びであり、子どもが自分の周りの環境や物に興味を持って触ったり動かしたりしています。そして、子どもたちは遊びの中で自分の能力を試したり、限界を探ったり、そしてまた新しいことに挑戦していくといったルーティーンとなっており、遊びは子どもたちにとって「日常的な何気ない挑戦」が散りばめられた活動となっています。

例えばおままごとでは、お皿を並べたり、お箸を渡したりする中で、子どもたちは役割やルールを決めたり交渉したりしながら、協力や責任感などといった社会的なスキルを身につけるでしょう。砂場では、「見て見て！ ぼくのお城、すごく大きいでしょ⁉」と言って、自慢げに友だちに見せたりする中で、子どもたちは自分の作品に誇りや満足感を感じると同時に、物理的なスキルや空間的な認識を発達させるでしょう。木の枝では、子どもたちは「こうやって叩くといろんな音がするんだよ」と、創造性や表現力を発揮しながら、音やリズムに関する知識を得もしますし、水たまりでは、「水に石を投げるとどうなるかな？」と言って、水しぶきや波紋を見たり、触ったりしながら、水の性質や原因と結果の関係を学んだりもします。それら全ての遊びは、子どもたちに「自分はできる」という自己効力感（自信）を与える「挑戦」であり、学びの宝庫となっています。

また、保育において子どもが歌いたくなる条件とは何であるのかを明らかにすることを目的とした研究では、子どもが歌いたくなる条件として、「楽しい雰囲気が感じられる人間関係が構築されていること」、「簡単な振り付けがあること」のほかに、「挑戦的な内容が含まれること」という条件があることを述べています[3]。

子どもたちは自分の興味・関心・好みに基づいて、様々なことに挑戦しますが、毎度簡単に乗り越えられる（達成できる）ことばかりではありません。失敗や挫折もしますし、子どもでも不安や恐怖といった感情を抱くこともあります。そこで、保育士等の出番になります。こういったナイーヴな状態にある子どもと関わる時はとても難しいですが、保育士等は、子どもたちの挑戦意欲を尊重し、励まし、共感し、支える気持ちを持って、子どもたちに接していくことが重要になります。

具体的な場面や声かけでは、以下のようなことが挙げられます。

●興味や関心を観察し、それに応じた適切な挑戦を提供する。

例：「〇〇くん、この絵本が好きなんだね。この絵本のどんなところが好きなの？」

「この絵本の中で、あなたはどの動物が一番好き？」

「その動物はどんな特徴があるかな？　どんなことができるだろう？」

「その動物になったつもりで、その動きや声を真似してみようか」

●自主性を尊重し、自分で考えて行動する機会を与える。

例：「〇〇ちゃんは、何をしたいって思っているの？」

「そのことをするにはどうしたらいいかな?」

「まず何からやるか考えて、始めてみよう」

「困ったときは手伝ってあげるけど、できるだけ自分でやろうね」

●努力を認めてほめる。
例:「よく頑張ったね。すごいね」

「一生懸命にやったからだね」

「勇気をだしてよく、チャレンジしたね!」

「自分だけでできるようになったね! おめでとう!」

●失敗や挫折を否定せず、それから学ぶことができるように助言や励ましをする。
例:「失敗しちゃったかもしれないけど、大丈夫だよ」

「失敗は誰でもすることだよ。失敗して何か分かったことあったかな?」

「次はどうすればうまくいくか考えてみよう」

「〇〇くんのこと、応援しているよ」

●不安を無視せず、共感して安心感を与える。
例：「不安だよね。わかるよ」

「不安に感じる気持ちは、何かに挑戦したいと思っているからだよ」

「私も不安に感じることがあるよ。恥ずかしいことじゃないよ」

「きみのそばにいるからね。大丈夫だよ」

●子どもの気持ちを聴く姿勢を示し、寄り添う。
例：「〇〇ちゃんは今どんな気持ち？」

「気持ちを教えてくれてありがとう。私もそういう気持ちになったことがあるよ」

「その気持ちを大切にしようね。それは〇〇ちゃんの心の声だから」

「抱え込まないでね。いつでも話を聞くからね」

●仲間と協力して挑戦することを促し、社会性やコミュニケーション能力を育てる。
例：「お友だちの意見を聞いてみたり、話し合ってみたりしよう」

「困っているときは助けてあげよう。助けてもらったときはありがとうと言おうね」

「仲間と一緒に遊ぶときは、ルールを守ってね。ルールを守ること大切なことだよ」

以上のような、保育士等の関わりは、子どもたちの挑戦意欲を向上させ、自己肯定感や自己効力感、問題解決能力や協調性など、様々な能力や資質を育てます。さらに、ストレスや不安に対処しやすくなりますし、友だちや家族との関係やコミュニケーションも良くなっていきます。保育士等は子どもたちの成長のパートナーとして、常に子どもたちの目線に立って考えて行動することで、子どものウェルビーイングに大きな影響を与えていきます。子どもたちに遊びや体験の機会を多く提供し、彼らの挑戦を応援し、彼らのウェルビーイングを支えることが、私たち保育士等の重要な責務であることを心に留めて、日々の保育に取り組んでいきましょう。

子どもの「強み」を見つけて伸ばす

ポジティブ心理学では、人間の「強み」という概念が重要な役割を果たしていますが、まだ生まれて数年間しか経っていない幼児期の子どもたちに、「強み」は存在するのでしょうか。結論から言えば、存在しています。「強み」とは、個人が持つ能力や特性のことで、自分らしく活躍できる分野や状況を示しています。およそ三歳ごろには「強み」に近い「〇〇が得意」という形で、自分で意識し始める子どもも出てきます。例えば、何気なく始めたパズルが、その子にとってとても楽しく、集中し、没頭し、一時間でも軽く座って続けていられる、ピース数が増えて難易度が変わっても、それすらも楽しみに変えてしまうような子どもがいます。このような子に、保育者は驚き、最初は

「○○ちゃん、すごいね！」と声をかけるでしょう。そして、そのような出来事が日常的になると、その子に対してついには「さすがだね！」と、よりポジティブな声かけになっていきます。すると、その子はまた得意な表情になり、やる気が出ます。そのような経験の積み重ねを経て、まだ幼児でありながらも、自分自身の「強み」の存在を認識し始めていきます。

では、保育において、強みを「活かす」ということはどういうことでしょうか？　まず、保育士等が子ども自身の強みを見つけることが大切です。子どもは生まれながらにして、様々な強みを持っています。例えば、好奇心旺盛だったり、想像力豊かだったり、協調性が高かったりします。しかし、子どもは自分の強みに気づいていないことが多く、また、周囲の大人も子どもの強みに目を向けることが少ないことがあります。そのため、保育士等は、子どもの強みを見つけて、認めてあげることが重要になります。子どもの何気ない行動や、ふとした時の発言に注目し、その背景にある能力や特性を見抜き、ほめたり励ましたりしてあげましょう。先ほどのパズルの話以外にも別の例を挙げるとすれば、例えば「いつもよく本を読んでいるね。本が好きなんだね。本から色々なことを知ることができるよね」と言ってあげると、「本を読む」という行動に対して、「好奇心旺盛」という強みを関連づけて伝えることができます。また、「この絵はすごく素敵だね。色使いが上手だね。どんなことを考えながら描いたの？」と言ってあげると、「絵を描く」という行動に対して、「想像力豊か」という強みを関連づけて伝えることができます。このようにして、子どもは自分の強みに気づき、自己肯定感や自己効力感を高めることができます。

次に、子どもの強みを「伸ばす」ことが大切です。子どもの強みは、ただ存在するだけではなく、「発達」する可能性があります。そのため、保育士等は、子どもの強みに合わせた環境や活動を提供することが重要です。子どもの興味や関心に応じて、様々な経験や遊びの機会を準備しましょう。例えば、「想像力豊か」な子どもには、絵本や物語を読んだり作ったりする活動や、絵や工作などで自分の思い描いたものを表現する活動、ごっこ遊びやお遊戯会などで自分の感情や役割を演じる活動などが良いでしょう。また、「協調性が高い」子どもには、仲間と一緒に何かを作る活動や、仲間の意見を聞いたり、自分の気持ちを伝えたりする活動などがおすすめです。そのような保育のやり取りの中で、子どもは自分の強みを活かして楽しく遊び、一つ一つ学んでいきます。

反対に、子どもの「弱み」に視点を置いた保育には、デメリットしかありません。

子どもの「弱み」とは、子どもが苦手なことやできないこと、困難に感じることなどです。例えば、運動が苦手だったり、人見知りだったり、集中力が低かったりすることなどが挙げられるでしょう。子どもの「弱み」を克服するために努力することや、子どもの「弱み」を活かすことなどは、一見すると良いことのように思えます。しかし、子どもの「弱み」に視点を置くことには、おすすめできません。特に、幼児期は子どもの心や身体が発達する重要な時期です。そのため、この時期に「弱み」にフォーカスした保育をしてしまうと、子どもに悪影響を及ぼす可能性があります。

具体的には、例えば運動が苦手な子どもがいたときに、運動ができない「弱み」を指摘されることで、「私は運動が苦手だから、運動会では楽しめない」と自分を制限してしまったり、「私は運動が苦手だから、毎日練習しなきゃ」とネガティブな形に執着してしまったりするかもしれません。

さらには、「私は運動が苦手だから、音楽や絵画だってきっと得意ではない」、「やっても意味がない」と、あらゆる可能性に自分で蓋をしてしまったり、自分に価値がないように考えてしまったりするようになります。

コミュニケーションにおいても同じです。「私は人見知りだから、友だちができない」とか決めつけて考えたり、「私は人見知りだから、無理して話しかけなきゃ」と無理をしたりするようになります。特に、他の人と比べることによって、子どもに「弱み」を押しつけることは絶対にしないようにしましょう。「私は運動が苦手だから、他の子より速く走らなきゃ幸せじゃない」とか、「私は人見知りだから、他の子より多くの友だちを作らなきゃ幸せじゃない」と考えるようになって、他人や社会の評価に依存させてしまうことは、大変危険なことです。他の人と比べ、「弱み」を突きつける言動は、子どもの自己肯定感や自己効力感だけでなく、自己実現に対する意欲・喜びなどを低下させる可能性があります。

以上のような、子どもの「弱み」に視点を置いた保育は、子どもの心の健康や幸福度、発達にマイナスの影響を与え、子どものウェルビーイングが低下する原因となります。

ＡＩが台頭し、これからの時代に求められるのは、「強み」を活かす保育・幼児教育です。ポジティブ心理学は、人間の可能性に着目する心理学です。子どもの強みを見つけて認めてあげること、子どもの強みを伸ばしてあげることを意識して、子ども一人ひとりの個性や能力を最大限に引き出す保育・幼児教育を実践していきましょう。

「寄り添う」：感情やニーズに応える

筆者の体験談ですが、四歳のある日、お腹がとてつもなく痛み、病院に行くと、「盲腸」との診断を受けました。初めての入院に不安でいっぱいです。そんな不安な中、母はベッドのそばでずっと付き添ってくれました。ウトウトと寝ている間も、手を握ってくれたり、頭を撫でてくれたりしました。面会時間終了の時刻を迎え、母が病室から出ていく時の光景と寂しさは鮮明に覚えています。次の日にまた会えた時、母の温かさと安心感を感じて、早く元気になろうと思いました。母はいつも筆者が病気になると、「何が食べたい？」と聞いてくれ、筆者の好きだったプリンをいつも買ってくれました。母の優しさと「寄り添う心」に、四〇年経った今でも感謝しています。

保育においても「寄り添う」という言葉を使うことがありますが、どのような意味があるのでしょうか？

「寄り添う」保育とは、子どもの感情やニーズに敏感に対応し、子どもの立場に立って関わることです。子どもは自分の気持ちや考えを言葉で上手に伝えることができない場合が多く、保育者はよく観察したり、話に耳を傾けて、子どもの内面を理解しようと努めることが求められます。子どもが困っているときや悲しんでいるとき、保育者はただ励ますだけではなく、子どもの感情を受け止めて共感し、適切な支援を行います。このように「寄り添う」ことは、子どもの自己肯定感や自己効力感を高めるとともに、保育者との信頼関係を築くことにつながります。

ポジティブ心理学の視点で見ると、「寄り添う」ことは、子どもの「ポジティブ感情」を増やすことに役立つと考えられます。例えば、子どもの良い点を認めて、子どもの自尊心や自信を高めたり、子どもの興味や関心に応じて「遊び」を提供して、子どもの好奇心や探究心を刺激し、学びの楽しさを感じさせたりすることなどは、すべて「寄り添う」ことによって可能になるポジティブ心理学的な介入です。子どものウェルビーイングを高めるためには、子どもの感情やニーズに寄り添う保育がとても重要になってきます。では、具体的にどのようにすればいいのでしょうか。

第一に、**子どもの感情を受け止めてあげること**が大切です。子どもは、心を許している相手や環境では、喜怒哀楽の感情をありのままに表現します。しかし、保育者は、時に、子どものネガティブな感情を否定してしまったり、抑え込んだりすることがあります。例えば、「泣いちゃダメ」「怒ってはいけない」「恥ずかしがらない」と言ったりすることです。子どもの感情を否定すると、子どもは、自分の感情が受け入れられないと感じて、気持ちを表現することに対して、否定的になる可能性があります。保育者は、子どもの感情をありのままに受け止めてあげることが大切です。例えば、「泣いてもいいんだよ」「怒ってしまう気持ちもわかるよ」「恥ずかしいよね」と言って、子どもの感情を認めたり、共感したりするようにしましょう。このような関わりによって、子どもは、自分の感情が受け入れられると感じて、自己肯定する力が育まれていきます。

次に、**子どものニーズ（求め：needs）を見つけること**が大切です。ニーズには教育的ニーズと、養護的ニーズがあります。教育的ニーズとは、「子どもの現段階での力と到達できそうな力との間（ギャップ）」のことを指しています。分かりやすい例えでは、自立期に入った二歳児の子どもが、「服も自分で着たい」、「靴も自分で履きたい」、「けど、できない」という時に、そのニーズがあります。保育者は全部やってあげるのではなく、そっと、サポートしてあげて、あたかも自分で着れた、履けたかのように関わるのが、いわゆるニーズに対応した保育です。また、例えば、泣いている子どもの、「お腹が空いている」、「眠たい」、「オムツが濡れて気持ち悪い」という生理的欲求に関わる養護的ニーズがあります。これとは別に、「お菓子が食べたい」「ゲームがしたい」「遊園地に行きたい」のようなただ単純に欲しいものや欲求、わがままなどは、ウォンツ（wants）と言えます。

保育のあらゆる場面に出てくる子どものニーズを見つけ、対応できていますでしょうか。むしろ、「静かにしなさい」、「座っていなさい」、「急ぎなさい」などと、保育者の都合に合わせたニーズを押しつけたりしていませんでしょうか。子どものニーズを無視したり、否定したりすることは、保育者への不満・不信感が大きくなる原因となってしまいます。これはアタッチメント（愛着）形成にも関わるため、保育者は、一にも二にも、子どものニーズを見つけて対応することが大切です。例えば、「お腹が空いてきたかな」「眠たくなってきたかな」「トイレに行きたくなっていないかな」など、子どもの様子を確認したり、「なぜ、静かにしてほしいか」「なぜ、座らないといけないか」「なぜ、手を洗わないといけないか」を説明して丁寧に伝えたりすることです。子どものニーズを理解し、尊重し、応える保育によって、子どもの安心感や信頼感が育まれていきます。

おもちゃの取り合いによる子ども同士のいざこざ場面は日々の保育の中で度々起こります。このような時、子どもの気持ちや欲求を理解し、尊重し、応えるには、どうすればいいでしょうか。

例えば、お部屋で遊んでいるときに、AくんがBちゃんのおもちゃを取ろうとして、Bちゃんが泣き出したとします。このときに、保育者はどのように寄り添い、対応するでしょうか。

まず、Bちゃんの気持ちを認めてあげます。「Bちゃん、おもちゃを取られて悲しいね。泣いてもいいよ」と声をかけます。これによって、Bちゃんは自分の感情を表現することができ、保育者に理解されたと感じます。

次に、Aくんの気持ちや動機を探ります。「Aくんは、Bちゃんのおもちゃが気になったんだね。Aくんもこのおもちゃで遊びたかったの？」と聞きます。これによって、Aくんは自分のニーズを伝えることができ、保育者に興味を持たれたと感じます。そしてAくんの気持ちを受容した後に、「気持ちはよく分かったよ。でも、おもちゃはBちゃんが使っていたものだから、無理やり取っちゃダメだよね。どうしたら良かったかな?」と、AくんとBちゃんの間に共感の関係を築きます。「Bちゃんはこのおもちゃが大好きだと思うけど、貸してあげるのは、難しいかな?」「Bちゃんに、貸してってお願いしてみるとか、一緒に遊ぶとか、どうかな?」と提案します。これによって、AくんとBちゃんはお互いの気持ちや立場を考えることができ、保育者によって仲裁されたことを素直に受け入れることができます。

以上のように、感情やニーズに「寄り添う」保育は、子ども同士の関係性や社会性も育みます。子どもたちが将来的に幸せな人間関係を築くための基礎となり、ウェルビーイングを高めることにつながります。

「寄り添う」とは「気づいて、応える」とシンプルに言い換えられます。とは言っても、「寄り添う」保育はなかなか簡単ではありません。子ども一人ひとりの感情やニーズを捉え、「この子はどういった背景があり、なぜこのような行動をとるのか」、「目の前の子どもが、何を求めているか」、「何を伝えたいのか」をじっくりと考え、それに対して、保育者側がどんな姿勢でいることが子どもの最善の利益につながるのかを考えることが何よりも大切になります。

「見守る」:主体性と創造性を育む

遊びたい盛りの小学生や、思春期の中高生のいる家庭では、親から「早く勉強しなさい！」と言われ、言われた子どもは「今からやろうと思っていたのに！　もうやりたくない！　やる気なくなった！」と反発し、すねてしまうといった、定番（？）のやりとりがあります。読者の皆さんも経験したことがありませんでしょうか？　この時の子どもは、なぜやる気をなくしたのでしょう。その理由は、勉強に対しての子どもの「主体性」が親からの言葉によって失われてしまったためと考えられます。このような時は、やろうとした気持ちを認めて、ほめてくれたり、そっと見守っていてくれたりするだけで十分な励ましになります。このことは幼児にも当てはまり、保育の中で「見守る」ことが、とても大切になります。

「見守る」保育について、ポジティブ心理学の視点で見たときに、「主体性」と「創造性」が重要なキーワードになると考えられます。

「見守る」保育では、保育者は、子どもの興味・関心に応じて適切な環境を提供し、子どもの発達に合わせて必要な助言をします。子どもの活動に干渉したり、指示したり、評価したりはしません。子どもが自分で考えたり、試したり、失敗したり、成功したりする中で、自信や自己肯定感を高めていくことをねらいとしています。勘違いをしてはいけないのが、「見守る」ということは、ただ見ているだけではないということです。「見守る」という言葉には、

●子どもが自分で遊びや活動を選べるようにする。

●子どもの考えや感情を理解し、意見を聞き入れる。
●子どものニーズに応じて適切な環境を用意する。
●子どもの興味・関心に沿って話題を提供する。
●子どもの問題解決を促すために質問や示唆をする。
●子ども同士の関わりや協働を促す。

などのサポート的な意味合いが含まれます。つまり、「見守る」ということは、「子どもの主体性（自主性や自律性）を尊重し、子どもが自分の力で成長できるようにサポートする」ことであると認識しておかないといけません。

また、保育者に見守られながら、没頭して遊んでいる子どもは、新しい価値を生み出す「創造性」が育まれていきます。創造性が育まれる遊びには、例えば、積み木や粘土、工作などの、子どもが自由に形を変えたり、自分の発想に従って作ったりすることができる遊びや、ごっこ遊びなどの、子どもがさまざまな役になりきったり、シチュエーションに合わせて体を動かしたりすることで、あらゆる立場や感情を創出することのできる遊び、さらに、自然体験活動などの、子どもが自分で考えて試行錯誤したり、限られた環境や素材で工夫したりすることで、新しい動きや遊び方を作り出すことができる遊びなどが挙げられます。これらの遊びによっては、好奇心や探究心を育み、コミュニケーション能力、表現力、社会性、協調性など、豊かな人間性が育まれていきます。

見守る保育のレベルアップバージョンに「プロジェクト型保育」というものがあります。プロジェクト型保育とは、保育者主導で行う「一斉保育」とは異なり、子どもたちの興味・関心を出発点としてテーマを決め、活動をしていきます。「プロジェクト」と言われるとちょっと堅苦しく感じてしまいますが、このプロジェクト型保育は子どもの心を虜にする「学びの大冒険」なのです。全て自分たちで調べたり、考えたり、表現したりして、進めていくので、各プロジェクトの開始も期間もまちまちです。一週間で終了することもあれば、数年かけて行うこともあります。子どもたちが「やりきった！」と思えるまで、取り組める環境を用意します。

この活動では、子どもたちはテーマに関する知識や情報を得るだけでなく、自分の考えや意見を発表したり、他の子どもと意見交換したりすることで、思考力や発信力を養います。また、テーマに沿って作品を作ったり、発表会を開いたりすることで、創造力や協働力も育みます。矛盾しているように聞こえるかもしれませんが、「一人ひとりが主体となって、みんなで学ぶ」ことをねらいとした保育です。

例えば、筆者が年長組の担任をしていた時に、「オタマジャクシって何？カエルって何？」というテーマでプロジェクト型保育を行いました。このテーマは、子どもたちが園庭の側溝の水たまりに、カエルの卵を見つけて興味を持ったことから始まりました。子どもたちは、その卵を手に取り、「クラスで育ててみたい！」と興味を示し、カエルの種類や特徴などについて知りたいと言いました。

筆者が子どもたちに「どうやって調べるといいかな？」と聞くと、「図鑑を見る」「インターネットで調べる」「先生に聞く」「お部屋で観察する」などの意見が出ました。筆者はそれらの意見をまとめて、「じゃ、やってみようか」と、学びの大冒険が始まりました。あとは、保育者として、環境を整えて、サポートするのみです。水槽だけでなく、図鑑や絵本、色鉛筆や自由に描ける紙を置いたり、毎日の観察で気づいたことなどを発表してもらったりして、会話をどんどんと広げていきました。また、その様子を保護者に写真や文章でお伝えしたり、図鑑の一部をカラーコピーでクラスの出入り口に貼ったりして、保護者の方にもこの冒険に加わってもらうことで、より会話が広がるようにしていました。

ある日、カエルの卵は孵化し、オタマジャクシが出てきました。「あれ？カエルの子どもはカエルじゃないの⁉」と疑問に思った子どもたち。より探究心を湧かせ、観察するようになったことは言うまでもありません。

このように、プロジェクト型保育は、子どもたちにとって楽しく有意義な学びの機会になります。保育者は、子どもたちの興味・関心に応えて、適切なサポートやフィードバック（振り返り）を行うことで、プロジェクト型保育を成功に導いていきます。フィードバック（振り返り）で有効な取り組みは、ドキュメンテーション（写真付きの保育日記）を子どもたちが見える場所に掲示することです。ドキュメンテーションは子どもの成長発達を「見える化」することで、保育者は日々の保育を振り返り、保育の質の向上のために活用したり、保護者の方に見てもらえる場所に張り出すことで、信頼構築・関係性強化につなげるために作成されます。このドキュメンテーションを子どもたちの見える場所に張り出して欲しいと思います。写真つきで「昨日あったこと」を振り返ることができるため、子どもたちが昨日の遊びの過程を思い出したり、ほかの友だちやクラスの遊びの活動を知ることで、プロジェクトの遊びの幅や参加人数が増えたりすることもあります。ドキュメンテーションによって振り返り、遊びの継続を試みることが、自分が「挑戦したこと」「役割を果たしたこと」を再確認し、自信を深めることにつながります。熱中したことを次の日にも思い出せることで、さらに発展した遊びにつながっていきます。また、そのドキュメンテーションをファイルにまとめ、子どもたちがいつでも見られる場所に置くようにすると、長期にわたっての振り返りが可能になって、より効果的になります。是非、ドキュメンテーションをうまく活用した「プロジェクト型保育」で、未知との遭遇を楽しみ、「小さな夢」をかなえる体験をさせてあげてほしいと思います。

「誰ひとり置き去りにしない」：多様性と個性を尊重する

「多様性（ダイバーシティー）」とは、「ある集団の中に異なる特徴・特性を持つ人がともに存在すること」です。ダイバーシティーと言う言葉は、人種や国籍、性別、年齢、障害の有無、宗教、性的指向、価値観などの多様性から、キャリアや経験、職歴、働き方といった職業生活における多様性まで幅広いジャンルで用いられています。ＬＧＢＴＱ（性的マイノリティー）の話題は芸能人カップルの存在や、政治の議論の一つにもなって注目されており、もはや「多様性」という言葉を聞かない日はないというくらい、市民権を得た単語となってきています。日本は島国でもあるせいか、同質のものを求める傾向があるので、保育の仕事に関わる者の責任として、多様性を意識的に考えていくことが求められます。

ポジティブ心理学の視点で「多様性」をポジティブな要素として捉えることが大切です。「十人十色」「みんな違って、みんないい」の精神です。人は自分の強みを活かして目標に向かうことで、幸福感や自己効力感を高めます。また、人は他者との良好な関係を築くことで、支え合いや感謝などのポジティブな感情を得ることができます。多様性の理解は、保育においても重要な役割を果たすことを認識しておきましょう。

保育の現場において、外国籍の子どもが入園するケースは珍しくありません。厚生労働省の「外国籍等の子どもへの保育に関する調査研究」によると、令和二年度において、アンケートに回答した市区町村一一三九団体のうち、外国籍等の子どもを受け入れている保育所等があると回答した市区町村は七八一団体であり、全体の六八・六％、また、同じくアンケートに回答した保育所等一〇八二一件のうち、「外国籍等の子どもが在籍している」と回答した保育所等は六五一一件であり、全体の六〇・二％でした。このように、半数以上の施設で、外国籍の子どもが在籍していることからも、「多様性」を意識した保育が求められていることが分かると思います。

外国籍の子どもたちがいる保育園では、「多文化共生保育」の実践として、保育者もその国の言葉を覚えたりするなどして、子どもや保護者とコミュニケーションを取っています。日本語や日本文化を教えるだけでなく、その国の言葉や文化を他の子どもたちにも紹介しながら、異文化理解を育む活動を行っています。しかしながら、外国籍の子どもや保護者が抱える課題はまだ多くあります。例えば、言葉の壁や文化の違いによるコミュニケーション不足や孤立感、保育者や地域社会からのサポート不足や偏見などです。これらの課題を解決するためには、外国籍の子どもたちや家族を温かく受け入れ、多文化共生の精神を持って保育に取り組むこと、そして、外国語を話せる保育者の確保や研修の充実、多文化共生保育の普及啓発などが必要です。

また、障害児を受け入れる保育も多様性の実現には欠かせません。障害児とは、厚生労働省の基準によると「身体障害、知的障害、精神障害、発達障害等により、日常生活や社会生活を営む上で著しく支援を必要とする者」と定義されています。このような障害児は、障害児専門の施設や特別支援学校だけでなく、一般的な保育園や幼稚園などにも通っています。

令和三年度子ども・子育て支援推進調査研究事業の調査によると、保育所等で障害児を受け入れている保育所等の割合は、公立の保育所等が七二・一%、私立の保育所等が四八・七%となっています。入所がかなえられなかった理由には、「障害の重さから入所が難しいと自治体が判断したため」が三八・四%、そして「内示は出たが保育所での受け入れが難しかったため」が二三・八%とのことでした。医療的ケアの必要な場合には、その症状の重さや看護師の確保などの事情で入所が難しい場合がありますが、いわゆる「気になる子」と言われる子や、軽度の障害の子どもを受け入れていく上では、今後、保育者が「多様性」の意識を持つことが鍵となってきます。

一九八〇年以降、「統合保育」という呼称で数多くの保育実践が行われてきました。しかしながら、「統合」という言葉は、空間的な分離の対概念として理解され、場所的な意味において、「支援児が健常児集団と分離されるのではなく、場を共にすること」と考えられ、保育が行われてきました。また、「統合保育の保育実践とはどうあるべきか」についての深い議論はないままに、それまでの健常児集団への保育実践の形を所与の前提とし、その延長上に保育しようとしていました。ところが、近年では、二〇人程度のクラスに、数人の支援対象児がいるという光景が珍しくなくなりました。このような状況では、多数の健常児と、少数の支援対象児という、統合保育時代の前提が成立しなくなってきました。つまり、健常児集団の保育を前提として、支援児に加配保育者がつくなどして、特別な配慮を付加するようなことでは、保育が立ち行かなくなってきたのです。

これらの課題を解決するためには、子ども一人一人の多様性が活きる「インクルーシブ保育」という考え方が重要になってきます。

インクルーシブ保育とは、障害の有無に関わらず、すべての子どもが一緒に保育園や幼稚園で過ごすことを目指す保育のあり方です。インクルーシブ保育では、障害児だけでなく、健常児も多様な個性や能力を持つ子どもとして尊重され、互いに協力しながら成長することが期待されます。

これまでの日本の教育は「同じであること」が是とされ、同質性を前提とした教育・保育が実施されてきました。この考え方は、子どもに対して「排除」の気持ちを生んでしまいます。製作をする時などにありがちですが、「正解」や「見本」を提示すると、子どもなりの工夫による違いを尊重せず、それは誤りとして正す保育になってしまいます。また、正解を早く作る子どもに、「〇〇ちゃん、早いね！」「〇〇くん、上手！」と言ったり、その子だけでなく、クラスの子どもたちに聞こえるように言ったりしてしまいます。そうすると、「早く作るとほめられる」「正解のように作るとほめられる」と子どもたちは思ってしまうでしょう。そして、「正解」に至るまでの速さと、「正解」との類似性の高さを競う雰囲気が生まれ、子どもたちの気持ちと行動に影響を与えてしまうといったことが起こります。このことは、裏返せば、遅い子や、正解のようにはできない子どもを低く評価することになってしまいます。このようなことが繰り返されると、保育者が価値とする基準に即した「そうはできない子ども」と「そうはしない子ども」は「できない・やれないグループ」としてカテゴライズして、「よくできる子」グループと比較し、見下し、そして、自尊心を傷つけ、子どもをクラスから排除するというようなことが起きてしまいます。

特に、運動会のような、保護者へ披露する場面で、保育者の価値観は顕著に現れるようになるでしょう。速さや数の多さを競ったりして数値化する競争型の内容は、観ている人にとって分かりやすく、盛り上がる行事になると考えてしまいがちですが、インクルーシブ保育の価値観においては、一人ひとりの興味・関心や、強みに配慮した内容となっているか、誰もがそのチャレンジを経て「自信を持つ」ことができるか、支援を必要とする園児が一生懸命に挑戦する姿を見て、周りの子どもたちや保護者も心から応援してあげる雰囲気を作り上げることができるか、などといったことを「誰ひとり置き去りにしない」ことを価値観の基軸として、行事準備を進めていくことが大切です。

多様性や個性を認めるインクルーシブ保育は、子どもたちのさまざまな特徴や能力、感情や思いを尊重し、それぞれの子どもが自分らしく成長できるように支援する保育です。また、子どもたちの好きなことや得意なこと、苦手なことや困っていることなど、子どもたちが持つ個性を見つけ出し、伸ばすような保育をすることです。

「多文化共生保育」や「インクルーシブ保育」のような多様性や個性を認める保育をする上で、一番大切なのは、「気づく」ことです。そして、「子どもたちにどう育ってってほしいのか、何が大切なことなのか」という問いを持つことです。「一斉保育」のように全体に目を向けるのではなく、まさに、一人ひとりに目を向けるのです。子どもたちと交わされる保育のエピソードに彩られる毎日を送ることです。そのような保育は多様性を前提とし、多様性を価値として、子ども一人ひとりの多様性が活きる世界観を創り出します。そのような保育を受けた子どもたちは、自分自身を受け入れられると感じて、おのずと自己肯定感が高まり、幸福度向上に直結していきます。

筆者が保育者養成校で「実習」の指導をする際に、学生から「なぜ保育園に就職することを決めているのに、施設（障害者施設等）の実習に行かなくてはならないのですか？」という質問を受けた時には、インクルーシブ保育の精神性を持って、次のように答えています。

「保育園にも色々な個性を持つ子どもがいます。施設実習に行くことで、障害を持つ子どもの特性や関わり方を学ぶことができます。保育園で担任を受け持った時に、障がいのある子どもがきっといます。その子がいた時に、『ああ、○○ちゃんさえいなければ、あんな製作ができたのに』とか、『○○くんさえいなければ、あの公園まで行けたのに』って思ったら、クラスの他の子どもたちも、その子に対して、先生と同様の態度を取るようになるでしょう。やがてはいじめに発展するかもしれません。そうなってしまえば、その子も他の子どももみんなが不幸です。そうではなく、障がいの有無に関わらず、一人ひとりが輝けるような関わりをすることで、『○○ちゃんがいるから、このクラスが好き』『○○くんとできる、この遊びが大好き』というような雰囲気のあるクラスを作ってもらいたいために、施設実習はあるのです」

「誰ひとり置き去りにしない」保育とは、一言で言えば、「できないことって悪くないな」という多様性を是とした価値観の保育です。「できないからこそ生まれる何か」に目を向け、それを活かして楽しめる保育者を目指しましょう。

ウェルビーイングな保育行事とは何か

保育園や幼稚園では季節の行事や親子で参加できる行事など、様々な取り組みがされていますが、前述したように主体性・自主性を尊重した行事になるようにすることが望ましいです。そのためには、子どもたちの意見を取り入れた行事にするようにしましょう。

例えば、運動会を行う上で、どのような姿勢で取り組むべきか考えてみましょう。

運動会はビックイベントであるがために、ポジティブな側面ばかりじゃないのが現状です。企画や曲選び、準備物を制作し、子どもたちに保育の中でおろしていく。その一連をポジティブマインドのままに行っていくのは、至難の業です。

保育の中で、繰り返し練習させなくてはいけないこともあるでしょう。園長やリーダーの先生に求められている水準。その背景にある保護者からの期待。そんな目に見えないものと戦う日々を送り、疲弊してきてしまうことがあるのではないでしょうか？

しかし、保育のあらゆる行事は、子ども・保護者・保育者の三者が「幸せ（ウェルビーイング）」になるために実施するものです。みんなが幸せ（ウェルビーイング）な行事（例：運動会）を目指すために必要なマインドセット（考え方）とはどのようなものなのでしょうか。

まずは保育園の運動会の目的そのものを考える必要があります。子どもたちにとって運動会は、体力や運動能力を高めるだけでなく、友だち・先生と協力することや、自分の役割を果たすことの楽しさと意義を感じることができる行事です。また、自分の頑張りや成果を保護者に見てもらうことで、自信と誇りを持つことにもつながります。

リレー競技があれば、バトンをしっかり受け渡す責任を背負って、一生懸命走ること、また、お友だちが頑張っている姿を見て、元気に声を出して応援することなど、普段の保育生活では得られない機会があります。子どもにとって運動会は、自己肯定感と社会性を育む大切な経験と言えるでしょう。

では、保護者にとってどのような意義があるのでしょうか。

運動会は、子どもたちの成長を目の当たりにすることができる貴重な機会となります。子どもたちが一生懸命に取り組む姿や、笑顔、そして涙を見ることで、親子の絆が深まることでしょう。また、他の保護者や保育者と交流することで、保育園のコミュニティに参加する感覚を持つことにもつながります。

ＰＥＲＭＡ理論でもリレーションシップ（人間関係）の充実は幸福度に影響することが示されています。

保護者の皆さんにも、お手伝いのほか、応援団などの役割を担っていただくなど、積極的に運動会に関わっていただけるような工夫があると、保護者自身のアチーヴメント（達成感）の向上にもつながりやすくなります。

また、日常の生活の中では、送迎時のわずかな時間しか保育園にいることがないので、なかなか保護者同士で交流することができません。

自分の子以外、他の子どもの名前も、その親の顔も分からないこともしばしばあります。運動会という機会に、学年チームで保護者対抗戦などがあったりすると、他の家族と仲良くなることができるでしょう。

次に、保育者にとっての意義を考えていきます。

運動会は、子どもたちの成長を支えるビックイベントとなります。「行事」そのものや、行事にかける準備が重荷だとする保育者の声もありますが、その思いで臨むのはもったいないと思います。

保育者として、思いを込めて創り上げた運動会で、子どもたちが楽しそうに活躍する姿を見ることは、保育者としての喜びや達成感を感じる素敵な機会となるでしょう。準備にかけた苦労も、一瞬で吹き飛びます。涙なしには「行事」を語ることはできません。

また、他の保育者と協力して運動会を成功させることで、保育園のチームワークや一体感を高めることにつながります。

保育者同士で情報共有や意見交換を行いながら、運動会の企画や準備を進めていく中で、お互いを支え合うことで、信頼関係やチームワークが強化していきます。

一緒に働く仲間がいるからこそ、喜びも達成感も、何倍にも大きくなるのです。

ウェルビーイングな保育行事を実施する上で、保育者として心がけて欲しいことは、「主役は子どもたち！」という想いです。言い換えれば、子どもたちがその行事を「楽しめるか」どうかを考えるということです。

全ての保育行事は子どもたちが主役です。彼らが自分らしく参加し、自己を表現できるように工夫することが求められます。そのためにも、保育者は、子どもたちが自分のやりたいことやできることを見つけられるように、子どもの意見や感情を尊重して聴くようにしましょう。

お遊戯会でも、役割の選択に関しては、可能な限り子どもたちがやりたい役を演じられるよう、本人の気持ちを優先して決めるようにしましょう。また、好きな色や柄の服装や小道具を使わせたり、自分たちで考えた個性的なポーズやダンスを入れたりするのも良いでしょう。

行事に取り組む中で、子どもたちが得意なことや好きなことを見つけ挑戦したら、全力でほめ、励ましてあげましょう。挑戦する姿に、「すごいね！」「かっこいいね！」と言ってあげたり、緊張して思うようにいかない時でも「大丈夫だよ！」「がんばれ！」と言ったりしてあげて、ポジティブな感情でそれぞれの行事に対して前向きに捉えられるような声かけをしてあげて欲しいと思います。

最後に、リーダーの先生ができることについて、お話しします。通常の保育はもちろんですが、行事を成功させるためには、園長や主任の役割もとても重要です。園長や主任がどのような姿勢でいるべきか、以下の二つのポイントをご紹介します。

一つ目は、「**先生たちと協力して準備する**」です。

行事は、担任の先生たちの努力や工夫、そして渾身の想いがかかっています。園長や主任は、担任の先生たちと協力して準備を進めましょう。リーダーでありながらも、サポーター的立場になり、競技や演出のアイデアを出し合ったり、役割分担やスケジュール管理をしたり、安全対策やトラブル対応を考えたりする事が大切です。間違っても、担任や担当者任せで「ほったらかし」にしないようにしましょう。

また、先生たちの負担を減らすための工夫や知恵を出していくこともリーダーの責任です。足し算だけでなく、時には「引き算」も提案して、無理しすぎないようにアドバイスしてあげましょう。

行事後は、子どもたちや先生たちの頑張りを称える場として適切なフィードバックをしましょう。ポイントは、子どもたちや先生たちを、たくさんほめることです。これが一番です。

「あなた達はなんて素晴らしいんだ！」と心から称えましょう！

もしかすると、園長や主任の先生の心の中には、その行事に求める「合格ライン」的な水準があるかもしれません。本番を迎える過程においては、その水準に満たない姿にモヤモヤすることもあるかもしれません。しかし、それを言葉に出す必要は全くありませんし、むしろ、「その日にできたこと」にフォーカスして、リーダーとしての立場からほめ称えて発信してあげることが大切です。

例えば、練習や本番で見せた素晴らしい姿や成果を、お便り等で具体的に伝えたり、感謝や感動の気持ちを積極的に表現したりしましょう。また、行事が終わった後も、写真やビデオなどで振り返ったり、感想や反省を共有したりすることで、子どもたちや先生たちの自信や達成感を高めることにつながります。

このように、園長や主任が子どもたちや先生たちに寄り添ってサポートすることで、みんなが幸せ（ウェルビーイング）になる行事を目指すことができます。

行事は、園全体の一体感、連帯感を高める絶好の機会です。園長や主任の先生方は、リーダーとして、熱心で明るい雰囲気を作り出すことで、その一体感、連帯感を高められるはずです。

また、行事は、普段どのような保育が行われているかが、よく現れます。行事の様子ひとつで、普段の保育の様子が分かるものです。それは、きっと子どもの姿を通して分かるのでしょう。子どもは嘘をつけません。その場だけつくろうこともできません。行事で日々の保育者と子どもとの信頼関係が見えてくるのです。そして、保護者は、行事の中で我が子が先生を信じ、自分らしく輝き、成長している姿を見て、改めて日々の保育に感謝する機会となるのです。

幸せを引き寄せるポジティブな習慣づくり

保育における習慣づくりは、子どもたちが自立し、社会の一員として機能するための基礎を築く重要なプロセスです。基本的生活習慣とは、広義としては、例えば、挨拶やお礼、手洗い、整理整頓など、日常生活を送る上で必要な行動パターンを指します。保育的な狭義としては、保育内容五領域のうちの健康分野における「食事」「睡眠」「排泄」「着脱」「清潔」を指します。これらの習慣を身につけることで、子どもたちは自立して生活する事ができるようになり、徐々に社会的なルールやマナーを理解し、他者との協調性を学んでいきます。

ここでは基本的生活習慣の「排泄」の自立に視点を当てて習慣作りとポジティブな言葉かけにつ

いて考えていきたいと思います。

二歳から三歳ほどになると、膀胱から脳への伝達機能の発達により、尿意を感じてトイレで用を足す事ができるようなります。その発達時期になると、「トイレトレーニング」と呼ばれるトイレで排泄する練習が始まります。これにより、日中をオムツではなくパンツで過ごすようになります。

保育者や保護者が早くオムツが外れるといいなと思っている一方で、なかなか上手くいかないのが、子どもです。発達は行ったり来たりをしながらゆっくりと進みます。いつまで経ってもオムツで過ごしている子どもの姿に、イライラしてしまう保育者もいるかもしれません。トイレトレーニングは、子どもの自立心や自信を育む重要な過程であり、子どもの成長の大きな一歩ですが、同時に保育者にとっても忍耐強さが求められる大きな試練とも言えます。

トイレトレーニングは子どもたちのペースや個性に合わせて、適切なサポートをすることが必要です。そこで、今回は保育者の皆さんが抱える「トイレトレーニング」に関する悩みをいくつか紹介し、その対処法と保育者としてのあるべき姿について、ウェルビーイング保育の視点から話をしてみたいと思います。

まずは、「子どものペースに合わせるのが難しい」と感じる保育者は多いでしょう。このような場合は、以下のことを大切にして子どもたちと関わってみてください。

一つ目に、子どものニーズや感情を観察し、尊重する事が大切です。子どもがトイレに行きたいというサインを見逃さないように注意し、トイレに行きたくないという気持ちを無理に押しつけないようにしましょう。

二つ目に、子どもの成功体験を積極的にほめましょう。トイレでおしっこやうんちができたら、大きな声で「できたね！　すごいね！」と言って、笑顔で抱きしめてあげましょう。たとえ、トイレで失敗してしまっても、「大丈夫だよ。次はできるよ」と励まして、優しく拭いてあげてください。

三つ目に、子どもの自主性を尊重しましょう。子どもがトイレに行く準備や後片づけを自分でやりたいと言ったら、手伝わずに見守りましょう。子どもがトイレに行くタイミングや方法を自分で選べるようにしてあげてほしいと思います。この時期の子どもは「自我」が芽生え育つ第一次反抗期（いわゆるイヤイヤ期）にいます。ぜひ自主性を尊重してあげてください。

四つ目に、子どもと一緒に楽しく学んでいこうという姿勢が大切です。トイレトレーニングに関する絵本や歌を読んだり歌ったりして、トイレに対する興味や好奇心を引き出しましょう。トイレに行くことをゲームや冒険に見立てて、楽しく遊びながら学んでいけるといいですね。

ウェルビーイング保育をする保育者は、子どものトイレトレーニングを応援するパートナーとして、子どもの気持ちや意思を尊重し、積極的にほめて励まし、自主性を育てることを大切にしていきましょう。

次に、トイレに行きたがらない子どもへのウェルビーイングな対応をお話しします。

トイレに行きたがらない子どもへの対応には、まずはその理由を探ることが大切です。子どもはトイレに行くことに恐怖や不安を感じている場合や、自分のペースでやりたいという気持ちを持っている場合があります。保育者としては、子どもの気持ちを尊重しつつ、トイレに行くことのメリットや楽しさを伝えることができれば、トイレトレーニングがスムーズに進む可能性が高まります。

具体的な対応方法としては、以下のようなものがあります。

●子どものトイレに対する興味を引くために、可愛らしい色の便座カバーやステッカー、音楽や絵本などを用意しましょう。

●子どもがトイレに行きたいタイミングを見極めるために、オムツの重さや顔つき、しぐさなどに注意します。

●子どもがトイレに行くことを自分で決められるように、オムツからパンツに替えるタイミングや、トイレに行く回数や時間帯などを選択肢として提示するのもいいです。

●子どもがトイレに行ったことをほめるために、スタンプカード・シールなどのご褒美を用意することも有効です。

●子どもがトイレに行くことを楽しむために、一緒に歌を歌ったり、話をしたり、ゲームをしたりすることで、トイレに行くことにポジティブな印象を持つようになります。

以上のような対応方法が例としてありますが、とにかく子どものペースに合わせて、「優しく丁寧に」サポートしてあげることが、トイレトレーニングの成功への近道です。

トイレトレーニングは、子どもの成長にとって大切なステップですが、保護者との連携がうまくいかないと、保育者としても困ってしまいます。そのためにも、保護者とのコミュニケーションを密にする事が大切です。トイレトレーニングの目標や進捗状況、困っていることなどを定期的に報告し、保護者の意見や要望を聞くようにしましょう。保護者がトイレトレーニングに対する理解や協力を深めることができます。

また、保育園で行っているトイレトレーニングの方法やコツを、保護者にも分かりやすく説明しましょう。例えば、トイレに行くタイミングやサイン、声かけやほめ方などです。保護者が自宅でも同じようにトイレトレーニングを行えるようになると、子どもにとってもストレスがかからずにトレーニングがしやすくなります。

子どもがトイレで成功したり、頑張ったりしたときは、保護者と一緒に子どもをほめましょう。

子どもは保護者の反応に敏感ですから、保護者からもほめられると、自信ややる気が高まります。また、保護者も一緒に子どもの成長を喜ぶことができます。子どもの成長を喜び合えるのは、とても幸せな時間です。トイレトレーニングは、子どもだけでなく、保育士や保護者も一緒に成長するチャンスと捉え、ぜひ、楽しく取り組んで欲しいと思います。

一日の大半を過ごす保育園。そこは基本的生活習慣を学ぶ場です。「排泄」という基本的生活習慣をどのように身につけるかは、その子どもの人格を形成すると言っても過言ではありません。よく、「オムツ替えの時に沢山話しかけてあげてくださいね」という話があると思いますが、単なる接触機会だからそう言っているのではなく、とてもとてもナイーヴな「排泄」というものを、ポジティブに捉える絶好の機会になるからなのです。

乳児クラスで保育をしていると、「ずっとオムツ替えしかしてないんじゃないか？」と錯覚するほど、次の子から次の子へと目まぐるしくオムツ替えが行われます。そんな慌ただしいタイミングに、「その子のペースでトイレトレーニング」というのは、至難の業です。それでも、そこで一呼吸置いて、落ち着いて、一人の子に目を向けて、愛情深く関われるか、声かけできるか、スキンシップできるか。その紙一重向こう側に「ウェルビーイング保育」があるのです。

ウェルビーイングを創出する自然保育「森のようちえん」

子どもたちの生活環境が急速に変化している時代にあって、子どもの成長に寄り添う幼児教育の必要性は一層高まっています。

近年、ＡＩ（人工知能）技術の進歩により一層ＩＣＴ化は進み、スマートフォンやタブレット端末を媒体にして、生活の中でその恩恵を受ける場面も増えています。また、ネット社会が広まり、交流の手段として人と直接会うことなくＳＮＳ（ソーシャルネットワークサービス）やオンラインゲームの中で、間接的に交流・情報交換し合う場面も増えていきます。先進的な技術は便利であるがゆえに、青少年の生活圏にも瞬く間に入り込み、青少年によるインターネット使用の様々な影響（精神、身体的健康、勉学、人間関係等）が報告されています。DSM-5（精神疾患の診断基準）には「インターネット・ゲーム障害」が精神障害として分類されるなど、インターネット依存関連の問題が生じてきている状況です。

インターネットおよびアプリケーションの過剰使用により生じた健康および社会性の問題として、具体的には「睡眠時間の減少」、「家族との会話の減少」、「一日中外出しない日が増えた」などの他、〈身体的問題〉〈精神的問題〉〈人間関係の問題〉〈ひきこもり傾向〉〈社会生活・責任の軽視〉〈経済的問題〉に関わる問題が指摘されています。さらにＳＮＳは人からの理解や共感、承認を得られない日々の生活から逃避する目的に適っているとし、逃避が習慣化し、依存傾向を高めることで、日常生活への重大な問題が生じると報告されています。[4] また、乳幼児を育児する家庭への調査において、ゲームやユーチューブ等の動画鑑賞でスマートフォンの利用率が高くなり、乳幼児のスマホ依存により「睡眠時間の減少、昼夜逆転など生活習慣が乱れるようになった」「使いすぎで健康が損なわれた（視力の悪化、運動不足、肥満など）」といった回答も少なくないと報告されています。[5]

このような子どものウェルビーイングが低下した状況において、効果的な取り組みとして注目さているのが、森と自然を活用した「森のようちえん」と言われる保育・幼児教育です。「森のようちえん」の淵源は一九五四年に遡ります。デンマークの一母親であったエラフラタウ（Ella Flatau）が彼女の子どもと近所の子どもを連れて森へ出かけたことが、「森のようちえん」の原型となりました。一人の母親が自分の子どもが通える範囲のなかで、魅力的な保育内容が提供されていない不満から自然体験による保育を試みたのです。その後、彼女の試みは一九七〇年代以降「森のようちえん」の活動として、デンマーク、ドイツ、スウェーデンへと広がっていきました。

幼児を対象とした野外教育の代表的なものには、「森のようちえん」、スウェーデンで始まった「森のムッレ教室」などがあります。「森のムッレ教室」は生態系や自然の循環とその保護を伝える環境教育の意味合いが強く、「森のようちえん」は、豊かな自然環境の中での人のすごし方を伝える文化と科学教育の意味合いが強いと言えます。

日本において幼児教育に自然体験を取り入れる試みは、一九八〇年頃から始まり、一九九〇年代半ば頃から各地で「森のようちえん」と名づけられた活動が盛んになりました。二〇〇五年からは、各地で「森のようちえん」活動を実施している団体や個人が集い、「森のようちえん全国交流フォーラム」が開催されるようになり、年々関心が高まってきています。


「森のようちえん」の保育内容や方針は多彩です。森のようちえん全国ネットワーク連盟によれば、〈森〉は森だけでなく、海や川や野山、里山、畑、都市公園など、広義にとらえた自然体験をするフィールドを指し、〈ようちえん〉は幼稚園だけでなく、保育園、託児所、学童保育、自主保育、自然学校、育児サークル、子育てサロン・ひろば等が含まれています。そして、そこに通う〇歳から概ね七歳ぐらいまでの乳児・幼少期の子どもたちを育成する自然体験活動が対象とされています。

活動形態も、認可幼稚園・認可保育園における畑の活動などの自然体験活動のほか、自然学校や自然体験活動団体、青少年教育施設、社会教育施設によるさまざまな野外活動プログラムを活かした幼児教育等、幅広い活動が含まれています。「森のようちえん」活動の実践者は、幼稚園教諭、保育士、自主保育指導者、学童保育指導者、自然体験指導者、野外活動指導者、自然の中での幼児教育や保育を望む親など、多岐にわたっています。
「森のようちえん」の活動についての調査の中で、「「森のようちえん」の活動で最も大切にしている考え方」に関する質問紙調査の結果は、「自然との関わりに価値をおいた活動を進める」と「子どもが自ら育つ力を信じて支援する」の項目への回答が突出していました。これらから、日本の「森のようちえん」の実践者の多くは、子どもの自主性と主体的な学びに重きを置いていることが分かります。

もともと、森のようちえんのような教育は、一九四〇年代のアメリカにおいて「野外教育（Outdoor Education）」として実践されるようになりました。野外教育における心理的効果として、「生きる力」や「性格および自己概念」、「メンタルヘルス（精神的健康）」、「自己効力感および自尊感情」に関する効果や、社会的効果として「社会的スキル」に関する効果が示されています[6]。さらには、文部科学省（一九九六）の「青少年の野外教育の振興に関する調査研究協力者会議」がまとめた「青少年の野外教育の充実について」（報告）では、野外教育を「自然の中で組織的、計画的に、一定の教育目標を持って行われる自然体験活動の総称」と定義し、野外教育の目標として、「自然と人間の望ましい在り方の理解、自然体験活動の楽しさや技術の習得、自主性、協調性、社会性、創造力、忍耐力の育成」、「青少年を対象とした野外教育は、総じて、青少年の知的、身体的、社会的、情緒的成長、すなわち全人的成長を支援するための教育」と定めています。すなわち、野外教育は「非認知能力の育成・ウェルビーイングのための教育」であると言えます。

筆者も森のようちえんの魅力を感じている一人で、東京・八王子市の自然環境をフィールドにして、月に一～二回開催する森のようちえんを運営しています。

森のようちえんの具体的活動の一つに、「森の探検」があります。探検では、森の中にある様々な生き物や植物を観察したり、触ったり、匂いをかいだりと、五感全てを使って、自然への興味や好奇心、四季を感じる心（情緒）を育んでいます。木登り一つとっても、木のデコボコとした感触や枝の位置を確かめながら、不安定な足元を登っていく（降りていく）スリルを楽しめますし、目標とした高い所までたどり着いた時の達成感は、「次はもっと高いところに」という遊び心（チャレンジ心）を養います。それだけでなく、登り降りの運動に加え、幹や枝のしなり具合によって調整しながら移動していくことで、筋肉を総合的に鍛えます。次第に自分で登れる高さを調整することを覚え、さらに幹や枝が揺れたり折れたりしないか注意深く進むことで、反射的に全身を使って自己防衛することを学んでいきます。

また、子どもたちは自然物を使った「製作」も大好きです。森で拾った材料を使って、自分だけの作品を作ります。例えば、木の枝や葉で自分たちだけの隠れ家を作ったり、シロツメクサなどの草花やドングリなどの木の実を使ってアクセサリーを作ったりします。また、石を積み上げたり並べたりしてストーンアートが出来上がります。このような芸術的活動の過程で、創造力や表現力が向上していくことでしょう。

さらに、キャンプ活動においてはバーベキューなどの「料理」をすることがあります。川で釣った魚や、森で採れた山菜やきのこ、持参したお肉や野菜などを使って、仲間と一緒に料理をします。このような食を囲む体験により、食べ物への感謝の気持ちや、協力・分担による社会性が育まれることでしょう。

このように、森のようちえんなどの野外教育では、ポジティブ心理学的な要素が詰まっており、子どもが豊かに発達する可能性を秘めています。ＰＥＲＭＡ理論にもピッタリと当てはまります。森の中で美しい景色や生き物に出会ったり、新しい発見をしたりすることに喜びを得ることで、ポジティブ感情が高まることが期待できます。また、森の中で自分に合った遊びを見つけたり、自分の得意と感じることに熱中したりすることで、エンゲージメント（没頭・集中）が生まれるでしょう。そして、森の中で仲間と一緒に遊んだり、助け合ったり、話し合ったりすることで、リレーションシップ（人間関係）が深まり、自然という偉大な存在を前に、ミーニング（人生の意味）が形成されるでしょう。さらには、森の中で自分に挑戦したり、問題を解決したりすることで、アチーヴメント（達成）が実感されるようになることも期待できます。

以上のことからも、森のようちえんなどの野外教育は、ポジティブ心理学的な教育要素の多い活動であり、子どもたちのウェルビーイングを高める最高の保育環境であるということをご理解いただけると思います。日常の保育の中にも、是非、自然体験活動を増やしてみてください。

【文献】

（1）ジョン・ボウルビィ『母子関係入門』（作田勉訳、星和書店、一九八一年）一八四頁
（2）遠藤利彦・田中亜希子「第3章アタッチメントの個人差とそれを規定する諸要因」数井みゆき・遠藤利彦編著『アタッチメント 生涯にわたる絆』（ミネルヴァ書房、二〇〇五年）五三頁
数井みゆき編著『アタッチメントの実践と応用：医療・福祉・教育・司法現場からの報告』（誠信書房、二〇一二年）六頁
（3）横井志保「子どもが歌いたくなる条件とは：歌詞と振り付けに着目して」『名古屋学院大学論集 人文・自然科学篇』57（1）、名古屋学院大学総合研究所、二〇二〇年、二五頁
（4）大野志郎「ネット逃避の現状―インターネットおよびアプリケーションの過剰使用者へのオンラインインタビュー調査より」『情報通信政策研究』2（2）、総務省情報通信政策研究所、二〇一九年、四九頁
（5）橋元良明・久保隅綾・大野志郎「育児とICT―乳幼児のスマホ依存、育児中のデジタル機器利用、育児ストレス」『東京大学大学院情報学環紀要 情報学研究・調査研究編』35、二〇一九年、五三頁

(6) 江橋慎四郎編『野外教育の理論と実際』(杏林書院、一九八七年) 二三頁

第四章　保育者のウェルビーイングを高める

保育者の抱えるストレスをコントロールする

保育者として働くことは、やりがいがある反面、同時に多くのストレスにさらされています。保育者がストレスを抱えてしまうと、心身の健康にダメージを負うことになり、保育の質へ悪影響を及ぼし、さらに長期休職や離職にもつながってしまいます。

そのような状況を避けるためにも、保育者自身の心身の健康を守ることを何よりも優先しなければなりません。

とは言え、ストレスが全くない生活などあり得ません。ストレスがたまってしまう原因や解消方法を知り、上手につきあっていきながら、保育者としての充実感や喜びを感じていくことで、保育者のウェルビーイングは高まっていきます。

まず、保育者の抱えるストレスは、主に以下の五つを挙げる事ができます。

人手不足や過重労働による身体的疲労ストレス
トラブル対応に伴うストレス
職場の人間関係によるストレス
保育内容や方針に対するストレス
給与や待遇などの経済的な不安によるストレス

まず初めに、「人手不足や過重労働による身体的疲労ストレス」です。

保育者の人手不足は、日本の社会問題の一つとなっています。

保育者は、その仕事に対する社会的評価・待遇が低く、働きづらい環境にあります。また、一部地域によっては保育所の数や定員が不足しており、保育ニーズに応えられない現状もあります。このように、保育者の人手不足は、保育者自身や子どもたち、そして働く親たちにとっても大きな問題となっています。

保育の仕事は過重労働に陥りやすい職業でもあります。保育者は子どもたちを養護し、教育的カリキュラムを提供するだけでなく、保護者への連絡や書類作成などの事務作業も多くこなさなければなりません。また、人手不足が深刻で、保育者は休みが少なく、残業が多いという状況の園も少なくありません。これらの要因が複雑に絡み合い、保育者は多くの責任とストレスを抱えていき、過重労働による健康被害や離職が深刻化しています。

続いて、「トラブル対応に伴うストレス」です。

トラブル対応は、保育者の心理的なストレスの大きな要因です。子どもや保護者に対して、自分の仕事を正しくやっているのか、信頼されているのか、満足してもらえているのか、という疑問や不安が常に頭にある状態で日々仕事をしています。また、子どもや保護者とのトラブルの対応に失敗したり、クレームを受けたりすると、自分の能力や適性を否定されたように感じ、自信を失ってしまいます。

このような責任感や不安感は、自分の仕事に対する過度な期待だったり、逆に不十分だと思って、罪悪感を抱いたりすることで生じます。これらの感情が過剰になると、保育者の心身の健康に悪影響を及ぼしてしまいます。そのため、保育者は、自分の感情を適切にコントロールする方法を身につける必要があります。

責任感は、自分の仕事に対するモチベーションや意欲を高めると捉えることができますし、不安感は、自分の仕事に対する注意力や集中力を高めることにつながります。トラブル対応の経験は、自分の仕事のスキルを向上させる機会になります。

自分の仕事に対するプラスのエネルギーに変える意識を持つことが大切です。

続いて、「職場の人間関係によるストレス」です。

保育者の皆さんは、子どもたちと一緒に楽しく過ごすだけでなく、同僚や上司、保護者ともコミュニケーションをとる必要があります。しかし、その人間関係がストレスの原因になることが往々にしてあります。

その原因は、コミュニケーション不足や価値観の違いだったり、職場のルールや役割分担の不公平感などから生じたりします。これらの要因は、保育者のモチベーションや自信を低下させ、仕事への「情熱」や「楽しさ」を失わせてしまいます。離職原因の第一位となるストレスです。人間関係に関しては、「人事と職場の人間関係に悩まないコツ」という節で細かく記述していますので、ご参照ください。


続いて、「職場の保育内容や方針に対するストレス」です。

このストレスの主な要因は、一つは保育者自身の「自信のなさ」、もう一つは職場・上司に対する「不満感」によって引き起こされる可能性があります。

具体的には、
●保育者自身の専門性・スキルに対する不安
●リーダー（園長や主任）とのコミュニケーションの不足

●保護者からの期待のギャップ
●保育理念やカリキュラムに対する理解及び共感の欠如

などです。

これらは、保育者のモチベーションや満足度を低下させるだけでなく、子どもたちへ影響を及ぼす可能性もあります。そのため、研修体制の整備や情報共有機会の創出、労働条件の改善など、保育者が自信と満足感を取り戻すためのマネジメント対策が必要になります。

最後に、「給与や待遇などの経済的な不安によるストレス」です。

経済的な不安の一つの要因は、保育士の給与水準です。日本の保育士の平均年収は約三六三万円と言われていますが、これは全産業の平均年収（約四四一万円）よりもかなり低い水準となります。また、保育士の給与は、勤務年数や職位によっても大きく差があります。さらに、保育所や地域によっても給与は異なっています。公立の保育所では、地方公務員として働くために比較的高い給与を得られますが、民間の保育所ではそうはいかないのが現実です。

経済的な不安のもう一つの要因は、保育者の待遇です。保育者は、長時間労働や残業が多くなることも珍しくありません。しかし、その労働に見合った待遇が得られているとは言い難いです。例えば、残業代が支払われない場合や、有給休暇が取れない場合があります。これらの待遇の不備は、保育者の将来に対する不安を増やし、体調不良や病気につながるリスクを高めてしまっています。

以上が、保育者が抱える主なストレスとその要因です。それぞれのストレスの要因を理解し、ネガティブな感情に対しどのように手立てが打てるのか、考えていくことが大切です。

次からは、ポジティブ心理学を活用し、ネガティブな感情をコントロールして、自身のウェルビーイングを維持・向上させる方法を紹介します。

「VIA診断」：強みを発見し、自分を活かす

ポジティブ心理学の分野で著名なクリストファー・ピーターソン博士は、マーティン・セリグマン博士と共に「Values in Action-Inventory of Strengths（VIA）」診断[1]を開発しました。このVIA診断は、個人の特徴的な強みを認識し、それを活用することで人生の充実感や幸福度を高めることを目的としたツールです。

ピーターソンらは、ギリシア哲学、中世哲学、キリスト教、イスラム教、仏教、道教、儒教などの哲学書や経典を読み込み、様々な文化や宗教を通じて普遍的な価値を持つとされる、「知恵」、「勇気」、「人間性」、「正義」、「節制」、そして「超越性」の、六つの「美徳」を明らかにし

ました。また、これらの美徳を支える具体的な行動や特性が二四の「強み」として分類されています。

例えば、「知恵」の美徳は、「好奇心」、「向学心」、「創造性」、「大局観」、「知的柔軟性」などの強みによって支えられています。これらの強みは、新しい情報を学び、知識を深め、創造的な解決策を見出す能力を示しています。

「勇気」の美徳は、「誠実さ」、「熱意」、「がまん強さ」、「勇敢さ」などの強みに関連しており、困難に立ち向かい、目標に向かって努力し、真実を語る勇気を表しています。

「人間性」の美徳は、「愛情（愛する力・愛される力）」、「社会的知性」、「親切心」などの強みを通じて、他者への深い共感や愛情を示します。

「正義」の美徳は、「公平さ」、「チームワーク」、「リーダーシップ」といった強みによって形成され、公正な社会を築くための行動を促します。

「節度」の美徳は、「寛容さ」、「自制心」、「思慮深さ」、「慎み深さ／謙虚さ」などの強みを含み、自己制御や他者への敬意を重んじます。

最後に、「超越性」の美徳は、「感謝」、「希望」、「審美眼」、「スピリチュアリティ」、「ユーモア」といった強みによって、人生に対する深い理解や意味を見出すことを助けます。

図８-①：VIA診断における24の強み

美徳	強み	特徴
知恵と知識	好奇心	あらゆることに興味があり、調べ物や新しい発見がすき。
	向学心	学ぶことに意欲的。知っていることでも更に知識を深めようとする。
	創造性	工夫するのが好き。新しいやり方を創り出すのが好きで得意。
	大局観	物事の全体を見る力があり、将来を見通すことができる。
	知的柔軟性	じっくりと考え、色々な見方ができる。確かな証拠があれば考えを変えることができる。
勇気	誠実さ	自分のことを正直に語る。地に足が付いていてウソがない。約束を守る。
	熱意	生き生きとしていて活動的。物事を中途半端にせず、一生懸命に取り組む。
	がまん強さ	始めたことを最後までやり抜く。辛抱強い。
	勇敢さ	苦痛や困難を恐れない。自分の考えにもとづいて正しいと思う行動をする。
人間性	愛情	人と仲良くするのが好き。人と共感しあったり思いやったりする関係を大切にする。
	社会的知性	人や自分の気持ちに気付き、色々なタイプの人とうまく付き合える。
	親切心	人を助け、人の面倒をみる。人に対して良いことをするのが楽しい。

図８-②

美徳	強み	特徴
正義	公平さ	どんな人にも平等に接する。個人的な感情で人の評価をかたよらせることがない
	チームワーク	グループの中でうまくやれる。グループの中で自分のやるべきことを行う。
	リーダーシップ	グループの人に、一緒に何かをさせるのが得意。グループ活動を組織して物事の達成を見届ける。
節制	寛容さ	過ぎたことは水に流す。害を及ぼした人を許し、復しゅう心を持たない。
	自制心	自分の気持ちやふるまいなどをコントロールできる。ルールを守る。
	思慮深さ	目先のことに飛びつかず、注意深く慎重に行動する。後悔するような言動はしない。
	慎み深さ	自慢したがらない。目立つことを求めない。
超越性	感謝	自分や周りに起こった良いことに目を向け、小さいことにも「ありがとう」と思ったり伝えたりする。
	希望	明るい未来がもたらされることを信じる。一生懸命やれば望みは達成できると思い、努力する。
	審美眼	あらゆる領域において、美しいものや優れたものを見つけ、その真価を認める。
	スピリチュアリティ	目に見えない大きな力を信じる。人生の意味について信念を持ち、それに基づいて行動する。
	ユーモア	人を笑わせたり、面白いことを考えたりするのが好き。いろいろな場面で明るい面を見ようとする。

横内弥生『不登校・ひきこもり支援のためのポジティブ心理学』アルテ、2023年より作成

ＶＩＡ診断は、自己理解を深め、個人のポテンシャルを最大限に引き出すための有効な手段として、世界中で多くの人々に利用されています。保育者がこのテストを利用することで、自分の強みを明確にし、それを仕事に活かす方法を探ることができます。例えば、共感性やチームワーク、リーダーシップなど、保育の現場で重要とされる特性が強みとして挙げられる場合、それらを意識的に発揮することで、子どもたちとの関係性を深めたり、同僚との協力を促進したりすることが可能です。また、ＶＩＡ診断テストは、保育者が自己のウェルビーイングを高めるための自己啓発の手段としても機能します。自分の強みを知ることは、自己受容と自己尊重の感覚を高め、ストレスの軽減や職場での満足感向上につながると報告されています。

さらに、保育者が自身の強みを認識し、それを育てることは、子どもたちにも良い影響を与えるでしょう。なぜなら、子どもたちは、強みを持つ大人の模範を通じて、自己肯定感や社会性を学ぶことができるからです。

ＶＩＡ診断テストを活用することで、保育者は以下のようなメリットがあります。

①自己理解の深化：自分の強みとそれがどのように日々の行動に影響を与えているかを理解する。
②職務遂行の向上：強みを活かすことで、保育の質を高め、効率的な業務遂行が可能になる。
③チーム内での役割の明確化：自分の強みを知ることで、チーム内での最適な役割を見つけ、協

力しやすくなる。

④ウェルビーイングの促進：自分の強みを活かすことで、仕事の満足度や幸福感が高まる。

保育者が自分の強みを知り、それを活かすことは、自身のウェルビーイングを高めるだけでなく、保育の質を向上させ、子どもたちにとっても良い環境を提供することにつながります。ＶＩＡ診断テストは、そのための第一歩となる重要なツールです。ぜひ、保育者の皆さんが自分の強みを見つけ、それを活かすことで、より充実した保育者生活を送っていって欲しいと思います。

以下に、ＶＩＡ診断テストの具体的な手順をご紹介します。

①ＶＩＡ診断テストの公式ウェブサイトにアクセスします。

②サイト上で「言語を選択」から「日本語」を選びます。

③必要な個人情報（氏名、メールアドレス、パスワード）を入力し、利用規約に同意した上で登録を行います。

④ＶＩＡ成人調査またはＶＩＡ青少年調査のいずれかを選択し、テストを開始します。

⑤全一二〇問の質問に回答します。質問は、あなたの行動や感情に関するもので、各質問に対してどの程度当てはまるかを選択します。

⑥全ての質問に回答すると、診断結果が表示されます。トップ5の強みが明らかにされ、それぞれの強みについての説明が提供されます。
⑦診断結果はPDF形式でダウンロード可能です。後で結果を再度確認したい場合は、登録したメールアドレスとパスワードでログインし、個人アカウントからアクセスできます。

VIA診断テストは無料で利用でき、約一五分で完了します。このテストを通じて、自分の強みを理解し、それを生活や仕事に活かすことで、ウェルビーイングを高めることができます。自己理解を深め、より充実した生活を送るために、ぜひVIA診断テストをお試しください。

保育者のやる気とモチベーション

保育者のやる気やモチベーションが大切な理由は、「保育の質」や「子どもの成長」に直接的な影響を与えるためです。

やる気溢れる保育者は、子どもたちに対して情熱を持って接し、彼らに好奇心を抱かせ、魅力のある保育をします。例えば、歌やダンス、ピアノなどの演奏、アート活動などを、保育者自身が子どもたちと一緒に楽しんで行う豊かな保育を通じて、子どもたちの感性を育むことでしょう。そのような先生には子どもたちも魅力を感じるはずです。

しかしながら、前述したように保育者は日々様々なストレスや困難に直面していて、やる気やモチベーションを維持することが容易ではありません。

モチベーションが欠けていると、質の高い保育をすることが難しくなり、子どもたちのウェルビーイングに悪影響を及ぼしてしまいます。

そこで、ここでは、保育者が自分自身で「やる気」と「モチベーション」を高める方法についていくつか紹介していきます。

一つ目の方法は、「**目標を設定する**」です。

仕事において目標を設定することは、自分の成果や進捗を明確にするだけでなく、達成感や自信を得ることができます。目標は、具体的で、測定可能で、達成可能で、関連性があって、期限がある（ＳＭＡＲＴ）ものにすると効果的です。

例えば、「今月中に子どもたちの発達記録を作成する」「今週末までに保護者会の資料を準備する」「今日は笑顔で挨拶する」などです。目標を設定したら、それに向かって計画的に行動し、達成したら自分にちょっとしたご褒美をあげるようにすると継続しやすいです。

また、目標は、長期的なものと短期的なものに分けて設定するとよいでしょう。長期的な目標は、自分のキャリア・将来像に関するビジョンを示すもので、短期的な目標は、日々の業務や課題に対し、具体的に行動するためのものです。目標は、SMARTという基準に沿って設定することが望ましいです。SMARTとは、以下のような意味です。

- Specific（具体的）：目標が明確であること
- Measurable（測定可能）：目標が数値化できること
- Achievable（達成可能）：目標が現実的であること
- Relevant（関連性）：目標が自分の価値観や役割に沿っていること
- Time-bound（期限付き）：目標に期限が設定されていること

このように、SMARTな目標を設定することで、仕事への「やる気」と「モチベーション」を高めることができます。

つまり、自分の仕事の目的や価値を明確にする事が大切だという事です。保育者として、子どもたちにどのような影響を与えたいのか、どのような存在でありたいのか、どんな社会を目指しているのか、自分にとって仕事の意味は何なのか、などを考えることで、仕事に対する情熱や使命感を高めることができます。

二つ目の方法は、**「振り返りをする」**です。

「振り返り」とは、保育者が自分自身の行動や保育の実践を思い返し、その経験から何を学び取れたかを考えるプロセスです。このプロセスによって、保育者は自己の行動を客観的に評価し、保育の質を向上させるための具体的な改善点を見つけることができます。やる気やモチベーションとの関係は密接で、振り返りを通じて自己の成長を実感することで、より一層のやる気が湧き、保育へのモチベーションが高まると言われています。

「振り返り」をすることは、自分の「強み」を知ることにつながります。「強み」を知ることは、ポジティブ心理学の上でも重要なことです。リーダーや同僚の先生との「振り返り」においては、「今日の活動はどうだったか?」「私の指導方法はわかりやすかったか?」などの具体的なフィードバックを求めましょう。フィードバックを聞いたら、それを素直に受け入れて反省しましょう。当然ほめられることもあると思いますが、その時も素直に喜ぶようにしましょう。保育者が定期的に「振り返り」を行うことで、継続的な自己成長と保育サービスの質の向上が期待できます。

三つ目の方法は、「**学び続ける**」です。

「学び続ける」ことによって、自分のスキルや知識を向上させ、新しい発見や刺激を得ることができます。学び続ける方法は、研修やセミナーに参加したり、本や雑誌を読んだり、インターネットで調べたり、他の保育者と交流したりすることです。例えば、「最新の保育論を勉強する」「子どもたちが楽しめる遊びを知る」「他園の保育実践を見学する」などです。学んだら、それを実践に活かしたり、他の人と共有したりすることで、学びがより深まっていきます。

ポイントは、「自分の成長を意識する」ことです。自分が得意なこと、苦手なこと、興味のあること、新しいことなどに、積極的に挑戦し、自分のスキルや能力を向上させることで、仕事に対する自信を高め、さらに「やる気」を生みます。その好循環のスパイラルに入ることができれば、自然と「モチベーション」を高く保つ事ができます。そして、継続が大切です。学びを単発に終わらせるのではなく、継続的に学び続けることにより、学びの点と点がつながり、多角的・立体的な視点から物事を捉えることができるようになるなど、学習効果も高まっていきます。


以上が、「やる気」と「モチベーション」を高める主な方法です。

視点を変えて、園長や主任の先生などのマネージメント（リーダー的役割）をする立場の人が、職員である保育者のやる気とモチベーション向上に関する心理学理論について、ご紹介します。それは、「**内発的動機づけ**」と「**外発的動機づけ**」の理論です。

内発的動機づけとは、自分の興味や好奇心、価値観などから自発的に行動することです。内発的動機づけは、保育者が自分からやりたいと思うことに取り組むことで生まれます。内発的動機づけは、外からの報酬や評価に依存しないため、長期的に持続しやすく、保育者の成長や満足度にも寄与すると考えられます。

図９：モチベーション向上のための心理学

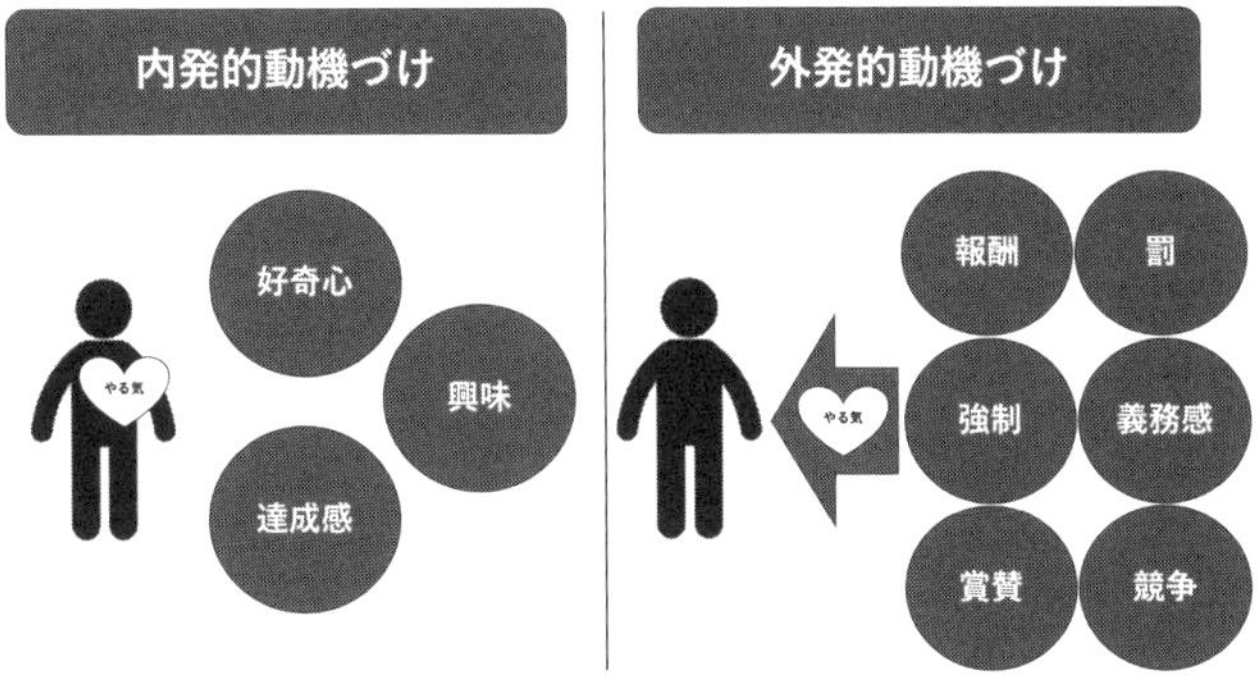

一方、外発的動機づけとは、報酬や罰、期待や評価など他者から誘導されて行動することです。一般に、内発的動機づけは外発的動機づけよりも高いパフォーマンスや満足感をもたらすと考えられています。しかし、外発的動機づけは必ずしも悪いことばかりではありません。外発的動機づけには、自分で選んで同意する形（同一化）と、他人からの圧力や強制による形（服従）の二つがあります。

例えば、自分が興味を持って選んだ習い事は同一化による動機づけで、楽しく学ぶことができます。一方で、親に強制されて習い事をする場合は服従による動機づけで、やる気が出にくくなることがあります。同一化は自分自身の内から湧き出る動機づけ、つまり内発的動機づけに似た効果を持ち、積極的な行動を促します。しかし、服従は内発的動機づけを妨げ、消極的な態度を引き起こすことが多いです。

そのようなことからも、保育においては、基本的には内発的動機づけによる活動を目指し、たとえ外発的な動機づけとなったとしても、「あたかも子ども自身がやりたいと思ってやる活動」として、同一化（自分で選んで同意する形）へと促すことが重要となります。

「やる気」や「モチベーション」をずっと高めておくのも疲れてしまうと思いますので、上手く休息を取りつつ、仲間や家族のサポートも受けながら、心身のバランスを大切にして無理なく実践していくようにしましょう。

人事と職場の人間関係に悩まないコツ

ポジティブ心理学において「人間関係」はウェルビーイングを高める要素の一つですが、保育者として働く中で、職場の人間関係や人事に関する悩みは、保育者の心身の健康やモチベーションに大きな影響を与えています。

職場の人間関係や人事の悩みには、さまざまな種類がありますが、そのほとんどが、コミュニケーション不足や相互理解の欠如によって、対立や摩擦が引き起こされています。時には、職場でのいじめや嫌がらせ、パワーハラスメントやセクシャルハラスメントもあり、離職原因の第一位となっています。

それでは、保育者の職場の人間関係についての悩みと、それを解決するためにできることとはどのようなことでしょうか。

まず、人間関係の悩みを抱えている場合は、自分の感情や考えを整理することから始めましょう。自分がどんなことに不満や不安を感じているのか、その原因は何なのか、自分はどうしたいのか、などを明確にすることで、問題を客観的に捉えることができます。また、自分だけで悩まずに、信頼できる人に相談することも効果的です。他者の視点や意見を聞くことで、自分の思い込みや誤解に気づくことができたり、気持ちが楽になったりすることがあります。

次に、人間関係を構築するためには、普段からのコミュニケーションが重要です。コミュニケーションは、相手との信頼関係を築くだけでなく、互いの考えや気持ちを理解し合うことにもつながります。コミュニケーションを取る際には、以下のようなポイントに注意しましょう。

①周りへの気配りを忘れない

職場で働く仲間は、自分と同じように子どもたちのために頑張っています。そのことを忘れずに、感謝やねぎらいの言葉をかけたり、手伝いを申し出たりすることで、相互理解や信頼関係を築くことができます。また、自分の意見や感情を素直に伝えることも大切です。相手の立場や気持ちを考えながら、丁寧に伝えることで、コミュニケーションがスムーズになります。

②元気な挨拶や笑顔を心がける

職場で一番最初に交わす挨拶は、その日の雰囲気を決める重要な要素です。元気で明るい挨拶をすることで、自分も相手も気持ちが明るくなります。また、挨拶は相手への敬意や尊重の表現でもあります。毎日顔を合わせる仲間だからこそ、挨拶を大切にしましょう。

③こまめにコミュニケーションをとる

職場で起きるトラブルや不満の多くは、コミュニケーション不足が原因です。仕事の進捗や連絡事項はもちろんですが、日常的な雑談や趣味などの話題も積極的に共有しましょう。相手の人柄や考え方を知ることで、親近感や共感が生まれます。また、何か問題が起きたら、早めに相談したり話し合ったりすることで、解決への道筋が見えてきます。

そして何より、共感の姿勢と、感謝の言葉を忘れないことが最も大切です。相手の立場や気持ちを理解しようとすることです。相手がなぜあなたに対して不満や怒りを持っているのか、どんな思いや考えがあるのかを聞く姿勢を整えましょう。そして、自分の気持ちや考えも正直に伝えましょう。互いに話し合うことで、問題の本質や解決策が見えてくるかもしれません。もちろん、話し合う時は冷静になって、感情的にならないように気をつけましょう。相手を責めたり、攻撃したりすると、かえって関係が悪化する可能性があります。

次に、話し合いだけでは解決しない場合は、第三者に相談してみることです。第三者とは、あなたと相手の関係に偏りのない人です。第三者に相談するメリットは、客観的な視点や意見を得られることです。自分では気づかなかったことや間違っていたことを指摘されることもあるかもしれません。また、第三者が仲裁役になってくれることもあります。例えば、上司があなたと相手の間に入って話し合いを進めてくれたり、同僚があなたと相手の仲を取り持ってくれたりすることがあるでしょう。第三者に相談する時は、自分の主張だけでなく、相手の主張も正確に伝えましょう。そして、第三者のアドバイスや提案に対しても素直に受け入れましょう。

それでも解決しない場合は、距離を置くことです。これは最終手段であり、できるだけ避けたい方法ですが、時には必要なこともあります。例えば、相手があなたに対して暴力的だったり、嫌がらせをしたりする場合です。このような場合は、自分の身を守るためにも、相手と接触しないようにしましょう。もし、保育園での仕事に支障が出るようなら、上司に相談して、担当するクラスやシフトを変えてもらうことも考えましょう。距離を置くことで、相手の態度が変わるかもしれませんし、自分の気持ちも落ち着くかもしれません。

最後に、転職という選択についてですが、私の答えは「それはあなた次第です」ということです。

人間関係で悩んでいるからといって、すぐに転職を考えるのは早計だと思います。まずは以上の方法を試してみて、人間関係を改善しようと努力してみてください。もしもそれでも人間関係が改善されない場合や、自分の能力や適性に合わない場合や、他にやりたいことがある場合などは、転職を検討してもいいと思います。転職するかどうかは、あなた自身の判断に委ねられますが、その際には以下の点に注意してください。

●転職先の情報をしっかり調べること。転職先の保育園の雰囲気や方針や待遇などを事前に確認することが大切です。インターネットや知り合いなどから情報を集めることができます。また、面接や見学などで直接確かめることもできます。

●転職する理由を明確にすること。転職する理由を自分自身に問いかけてみてください。人間関係だけでなく、自分のキャリアや将来の目標や夢などを考えてみてください。転職することで何が得られるのか、何が失われるのかを比較してみてください。

●転職するタイミングを考えること。転職するタイミングは重要です。保育園では年度ごとに子どもたちや保護者や同僚との関係が変わります。そのため、年度途中で転職することは避けたほうがいいでしょう。年度末や年度始めなど、子どもたちや保護者や同僚に迷惑をかけないタイミングを選ぶことが大切です。

以上、保育園での人間関係のトラブルの解決へのヒントをお伝えしました。保育園で働く皆さんは、子どもたちのためにも、上司・同僚と、仲良く協力しながら頑張っています。だからこそ、人間関係のトラブルに直面した時は、大きな悩みとなり、苦しむこともあると思います。そんな時は「一人で抱え込まないこと」が一番の解決策となります。誰か信用できる一人を頼り、解決へと努力していきましょう。そうすれば、きっとあなたにとって「新たな道」が切り開かれるはずです。

求められるリーダーとしてのスキル

一般的に、組織のリーダーとして求められることとは、主に、ビジョンの明確化や、チームメンバーの強みを活かすこと、困難に直面した際の回復（レジリエンス）を促進すること、ポジティブな職場環境を創造することなどが挙げられます。それは、いわゆる「リーダーシップ」のことであり、保育施設における組織マネジメントで、最重要のキーワードであることに疑いはありません。

ポジティブ心理学では、「リーダーシップ」は、個人や組織の成功において重要な役割を果たす「強み」だと捉えています。リーダーシップは、目標達成に向けて他のメンバーを動機づけ、指導する能力であり、ポジティブな変化を生み出す推進力です。また、リーダーシップは自己実現への道を開き、個人の潜在能力を最大限に引き出すことで、個人と組織全体のウェルビーイングを向上させます。そのため、ポジティブ心理学では、リーダーシップは「単なる指導力」以上のものと捉えられており、個人の成長、チームの結束、組織の繁栄に不可欠な要素とされています。

保育職リーダーとして、リーダーシップを発揮することは、組織としてのチームワーク向上だけでなく、職場の雰囲気や子どもたちの成長自体にも大きく影響します。

まず、保育者のリーダーシップには二つの側面があります。一つは、子どもに対してのリーダーシップの側面、そしてもう一つが、共に働く保育者の中でのリーダーシップの側面です。

園では子どもたちに対して、良い手本や見本を示すことが求められます。子どもたちは、大人の言動や態度をよく観察し、真似をします。そのため、保育者は、自分の言葉や行動に責任を持ち、子どもたちにとって良い影響を与えるように心がける必要があります。

また、職員同士のチームワークのために、リーダーシップが不可欠です。保育者は、一人で全ての仕事をこなすことはできません。同僚や上司と協力しながら、子どもたちの安全や発達を支えることが大切になります。そのためには、自分の意見や感情を適切に伝える「コミュニケーション能力」や、他者の立場や考え方を尊重する「協調性」が必要です。また、時には、自分の考えを主張したり、問題を解決したりする「決断力」や「実行力」も必要になります。

では、どのようにリーダーシップを発揮していけばいいでしょうか？

リーダーシップを発揮するためには、まず、「自分がどんなリーダーになりたいのかを明確にする

こと」が大切です。保育園で働くということは、子どもたちや保護者、同僚や上司など、さまざまな人と関わることになります。それぞれの人とどのような関係を築きたいのか、どのような役割を果たしたいのか、どのような価値観を持っているのか、自分自身に問いかけてみましょう。

そして、「**自分の強みや弱みを客観的に把握すること**」が必要です。自分が得意なことや苦手なこと、好きなことや嫌いなこと、自信があることや不安に感じることなどをリストアップしてみましょう。そして、それらがリーダーシップにどのように影響するかを考えてみましょう。例えば、コミュニケーション力が高いという強みは、人との信頼関係を築くのに役立ちますが、自分の意見を押しつけすぎるという弱みは、人を反発させる可能性があります。自分の長所や短所を認めることで、自分のリーダーシップスタイルを見つけることができます。

さらに、「**実践してみること**」が大切です。保育園で働く中で、リーダーシップを発揮する機会はたくさんあります。例えば、子どもたちの活動を企画したり、保護者会や職員会議で発言したり、同僚や後輩にアドバイスしたりする場面です。これらの場面では、自分が目指すリーダー像や自分の強みや弱みを意識しながら、積極的に挑戦してみましょう。失敗しても問題ありません。失敗から学ぶこともリーダーシップの一つです。また、周りの人からフィードバックをもらうことも大切です。自分では気づかない点や改善すべき点を教えてもらうことで、自分のリーダーシップを高めることができます。

リーダーシップを発揮することで、自分自身やチームメンバーのウェルビーイングを高めることにつながります。ウェルビーイングが高まると、仕事に対するモチベーションや満足度が上がり、子どもたちや保護者との関係も良好になっていきます。また、チームメンバーのウェルビーイングを高めることで、コミュニケーションがスムーズになり、保育の質も向上していきます。

しかし、保育の現場にいると、「自分の考えや意見を伝えることが苦手で、周りに流されてしまう」、「同僚から信頼されているかどうかわからない」、「保護者からクレームが多くて困っている」といった悩みの相談を受けることがしばしばあります。このような悩みはリーダーシップの欠如によるものと考えることができます。

一つ目の、「自分の考えや意見を伝えることが苦手で、周りに流されてしまう」という悩みですが、まず、自分の考えや意見を伝えることは、リーダーシップの基本と言えます。とはいえ、自信がなかったり、相手の反応が怖かったりすると、なかなか言い出せないこともあるでしょう。そのような時は、まずは、積極的にコミュニケーションを取ることを心がけましょう。受け身姿勢ではリーダーシップは発揮されません。自分から積極的に話しかけたり、質問したりすることで、関係性が深まっていきます。また、コミュニケーションを取るときは、相手の立場と感情を第一に考える姿勢も大切になります。普段から相手に対して尊敬や感謝の気持ちで接していれば、自分の意見などが受け入れてもらいやすくなります。決して高圧的な態度を取ってしまってはいけません。

二つ目の、「同僚から信頼されているかどうかわからない」という悩みに対しては、まず、自分自身が模範となる行動をするという気持ちが大切です。言動が一致しないと、信用を失います。自分が求めることは自分も実践するようにしましょう。また、後輩・同僚の良い点や成果を認めてほめることも大切です。人は認められるとやる気が上がります。努力して頑張っている姿や、貢献したことを見逃さずに、適切に評価しましょう。さらに、後輩・同僚の意見や要望に、耳を傾けることです。人は真剣に話を聞いてくれる人には信用して話したくなるものです。後輩・同僚の声に耳を傾けて、丁寧なサポートを行いましょう。

三つ目の、「保護者からクレームが多くて困っている」といった場合には、まずは、冷静に対処し、相手の話を最後まで聞くということが大切です。途中でさえぎったり反論したりすると、相手はさらに怒ってしまいます。相手の話が終わるまでは、さえぎることなく、じっくり聞くようにしましょう。そして、自分の考え方を明確に伝えましょう。クレームがあると萎縮してしまって、なかなか自分の思いを伝えることができなくなってしまいますが、理不尽な要求やクレームに対しては、自分がどう思っているか、クラス（園）としてどう対応したいかをはっきりと言葉にすることが大切です。丁寧に、粘り強く、相手に自分の考えを理解してもらうことで、より一層強固な信頼関係を築くことができます。

これら一つ一つが「リーダーシップ」の行動です。悩みながら身につけていくものです。そう考えれば、自分自身も成長するチャンスと捉えることができます。リーダーシップは一朝一夕に身につくものではありませんが、日々の仕事を通じてコツコツと磨いていけば、必ず素晴らしいリーダーになれるはずです。

保育現場における「アンガーマネジメント」

保育現場では、予期せぬ事態に直面した時に、いかに冷静さを保てるか、適切な対応が取れるかが大きなポイントとなってきます。子どもたちの相手をする中であったり、チームで保育をする対人の仕事の中では、保育者もイライラしたり、怒りを感じたりすることは珍しくありません。しかし、怒りに任せて行動してしまうと、子どもに悪影響を与えたり、チームの人間関係が悪化したりする可能性もあります。そのため、保育者は「アンガーマネジメント」ができるようになっておく必要があります。

保育者の「アンガーマネジメント」とは、保育現場で起こる「怒り」の感情をコントロールするための方法のことをいいます。一般的に、「怒り」は否定的な感情と見なされがちですが、ポジティブ心理学における「怒り」の感情は、実は適切に管理された場合には、個人の成長や問題解決のための動機づけとなるものとして捉えられています。怒りは、不公平や不正に対する自然な反応であり、

図10：怒りの感情の本質

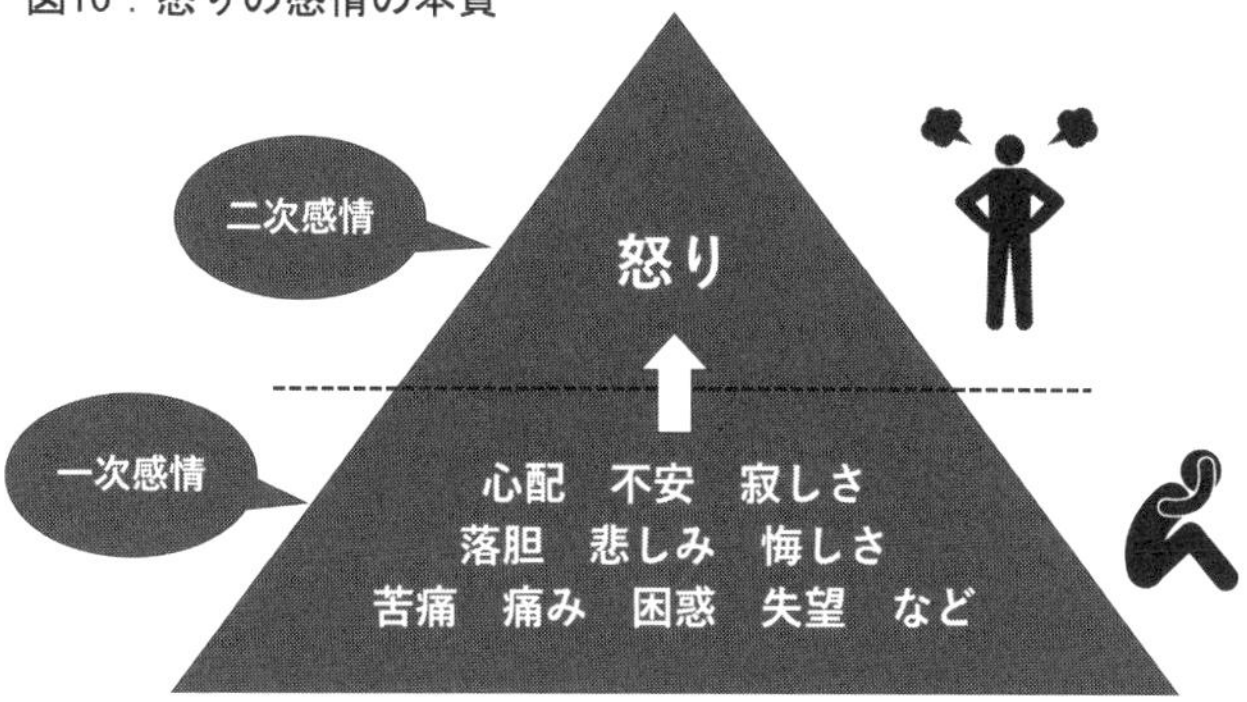

私たちに行動を起こすようにと促すシグナルとして機能します。ポジティブ心理学では、怒りを抑圧するのではなく、その原因を理解し、建設的な方法で表現することが推奨されています。例えば、対話を通じて感情を共有したり、問題解決のための具体的なステップを踏むことで、怒りを有効に活用することが可能になります。重要なのは、怒りを感じること自体が悪いことではなく、どのように対処しマネージメントするか、ということになります。

まず、「怒り」の本質とは何なのかを理解しましょう。

「怒り」は、私たちが日常生活で経験する最も強い感情の一つです。心理学では、怒りは単なる感情ではなく、「二次感情」として位置づけられています。これは、怒りが他の感情によって引き起こされる反応であることを意味しています。では、怒りの感情の本質とは何でしょうか?

心理学者アドラーによれば、怒りは「人が特定の目的を果たそうとするときに現れる感情」であるといいます。これには、支配欲、主導権争い、利権擁護、正義感の発揮などが含まれます。これらはすべて、人間関係の中で生じる感情であり、私たちが自分の意志を通そうとするときに怒りとして表現されるのです。

一次感情と二次感情の関係を理解することは、怒りをコントロールする上で非常に重要です。一次感情は、悲しみ、虚しさ、苦しみ、心配、さみしさなど、私たちが直接的に感じる感情です。これらの感情が大きければ大きいほど、二次感情である怒りも強く表現される傾向があります。つまり、怒りは一次感情が変換されたものであり、その背後にはもっと根本的な感情が隠されているのです。

例えば、恋人が待ち合わせに遅れたとき、私たちは「心配」を感じます。そして、その心配が怒りに変換され、「遅れるなら連絡くらいしろよ!」という反応を示すことがあります。この場合、怒りの背後には、愛する人の安全を心配するという一次感情が存在しているのです。

怒りを感じたときには、その奥にある本当の感情に目を向けることが大切です。怒りを感じる一次感情には共通点があり、それを理解することで、怒りを感じたときの対処法を学ぶことができます。

怒りの感情は、私たちが他人との関係を築く上で避けては通れないものです。しかし、怒りの奥にある一次感情に気づき、それを適切に表現することで、より健全なコミュニケーションと自己理解が可能になります。怒りを理解し、管理することは、私たちの精神的な健康と人間関係の質を高めるために不可欠なスキルなのです。

アンガーマネジメントとは、一言で言えば、「怒りの感情を健康的かつ建設的に表現する方法を学ぶ」ということです。怒りの感情を否定したり、抑え込んだりすることのみを指しているわけではありません。

では、具体的にどうすればいいのでしょうか。

①6秒ルール

まずは、「深呼吸をすること」です。イライラしたときは、まず6秒間何もせずに深呼吸します。6秒間待つことで、怒りのピークを過ぎ、冷静に考えることができるようになります。深く息を吸い、ゆっくり吐くことで心を落ち着けましょう。

②その場から離れる

どうしても怒りが収まらない場合には、その場から離れて気分転換をすることも大切です。トイレに行ったり、他の職員に話を聞いてもらったりすることで、気持ちを落ち着かせましょう。

③怒りの原因を見つめる

自分がどのような状況で怒りを感じやすいのか、状況を客観的に分析することで、怒りを予防することができます。例えば、子どもが言うことを聞いてくれないときや、仕事が思うように進まないときに怒りを感じやすいという場合、その原因を探り、解決策を考えます。

④子どもに寄り添い「Ｉメッセージ」で伝える

子どもが問題行動を起こしたとき、つい感情的に怒ってしまいがちです。しかし、子どもは自分の気持ちをうまく伝えられないために、問題行動を起こしてしまうといったことがあります。保育者は子どもの気持ちに寄り添い、なぜそのような行動をしたのかを理解することが大切になります。子どもたちの行動が「わざと」ではなく、「成長過程での自然な行動」であることを理解することがポイントです。そう考えることで、感情的な反応を抑えることができます。また、怒りの奥にある感情を伝える「Ｉメッセージ」を使用しましょう。Ｉメッセージとは、「私は心配している」「私は悲しい」「私は〜と感じている」「私には〜が必要と思っている」「私は〜を望んでいる」といった、自分の感情やニーズを正直かつ建設的に伝えるコミュニケーション手法です。この方法は、相手を非難したり攻撃したりすることなく、自分の感じていることを表現するために用いられます。直接的に「あなたは間違っている」と批判するのではなく、自分の内面を率直に伝えることで、相手に対する理解を深め、より建設的な対話が可能になります。

⑤自分自身を大切にする

保育士は常に子どもたちと向き合っているため、自分自身のメンタルケアを怠ってしまいがちになります。十分な睡眠や栄養を摂ったり、趣味の時間を持つなど、上手にリフレッシュして自分自身を大切にすることもアンガーマネジメントの一つです。また、ポジティブな言葉を使って自分自身に話しかけることも効果的です。その日の保育で子どもに対する言葉かけや対応が上手くいかなかったとしても、自分を責めたりせずに「大丈夫、これからはきっとうまくいく」と自分自身を励まして、次につなげるようにしましょう。

アンガーマネジメントは、すぐにできる簡単な方法から、時間をかけて取り組む方法まで、さまざまなものがあります。自分に合った方法を見つけて、実践することで、怒りの感情をコントロールし、より良い保育環境を作ることができます。子どもたちにとっても、感情を上手に表現する大人の姿は、大きな学びになることでしょう。

マインドフルネス瞑想と四つの幸せホルモン

保育者としての仕事の責任の重さは、時にストレスや疲労をもたらすことがあります。そこで、保育者の私生活の充実が、仕事の質や幸福度にどのように影響を与えるのか、そして、そのバランスを保つためにどのような方法があるのかを考えてみましょう。

手軽にストレスを解消したいのなら、「マインドフルネス瞑想(2)」がおすすめです。マインドフルネス瞑想とは、現代社会においてストレス管理や心の健康を保つ手段として注目されています。「今、この瞬間」に意識を集中させ、判断を下さずに受け入れ、呼吸や身体の感覚に注意を向けることで、心の落ち着きを得ることを目的とした瞑想法です。保育の仕事は、予測不可能な状況が多く、忙しい日々の中で、自分自身の感情に振り回されたり、ストレスに気を取られたりしてしまいます。マインドフルネス瞑想は、そのような状況の中でも、一時的に心をリセットし、自分自身と向き合う時間を持つことができるため、ストレス管理にとても有効な方法となります。

マインドフルネス瞑想は、注意を集中し、瞬間瞬間の体験に意識を向けることで、自己受容や的確な判断、セルフコントロールを促進します。これは、ポジティブ心理学が提唱する「ポジティブ感情」の培養に直結しており、ウェルビーイングの向上に寄与するとされています。実際、多くの研究で、マインドフルネス瞑想がストレス軽減、集中力の強化、そして全体的な幸福感の向上に効果的であると示されています。

ポジティブ心理学の観点から見ると、マインドフルネス瞑想は、個人が持つポジティブな感情やエンゲージメント、人間関係、意味や目的、そして達成感といったウェルビーイングを高める五つの要素（ＰＥＲＭＡ）を強化する手助けとなり、人々がより充実した人生を送るための基盤となります。

つまり、マインドフルネス瞑想は、ポジティブ心理学とウェルビーイングの視点から見ても、個人の内面的な平和と外的な世界との調和を促進する有効な手段であると言えるでしょう。日々の保育で慌ただしくなって感情のコントロールが難しくなっている時こそ、効果を発揮することでしょう。マインドフルネス瞑想は、単なる瞑想法を超え、心理的な繁栄と社会的なウェルビーイングを実現するための科学的に裏づけられたアプローチなのです。

次に、保育者自身の幸福感やウェルビーイングに効果をもたらす「四つの幸せホルモン」をご紹介します。四つの幸せホルモンとは、「エンドルフィン」、「オキシトシン」、「ドーパミン」、「セロトニン」のことを指します。これらのホルモンが保育者にとって、どのような良い効果があるのか掘り下げてみましょう。

エンドルフィン

エンドルフィンは、自然な鎮痛剤として知られており、幸福感を高める効果があります。保育者が子どもたちと一緒に遊んだり活動中に感じる喜びや達成感は、エンドルフィンの分泌を促し、ストレスの軽減や気分の向上に寄与します。また、エンドルフィンは免疫力の向上にも関連しており、健康な体を維持するのに役立ちます。

オキシトシン

オキシトシンは「愛情ホルモン」とも呼ばれ、信頼や絆を深める作用があります。保育者が子どもや保護者との間で築く信頼関係は、オキシトシンの分泌を促進します。これにより、社交性が高まり、共感や思いやりの感情が強化され、職場での人間関係に良い影響がもたらされます。

ドーパミン

ドーパミンは報酬や快楽に関連するホルモンで、やる気や集中力、学習意欲を高めます。保育者が新しい教育プログラムを企画・発案したり、子どもたちの成長に貢献したりすることで感じる達成感は、ドーパミンの分泌を刺激し、仕事への満足感を高めます。

セロトニン

セロトニンは心の安定や幸福感に影響を与えるホルモンです。日光を浴びることやバランスの取れた食事はセロトニンの分泌を促し、これにより保育者はポジティブな気持ちを保ちやすくなります。また、良質な睡眠やリラクゼーションもセロトニンの分泌を助け、ストレス耐性を高める効果があります。

これらの幸せホルモンは、子どもたちに最高の保育を提供するための精神的・身体的な基盤を支える働きをします。いい保育をするためには、まずこの四つの幸せホルモンが必要だということです。保育者がこれらのホルモンのバランスを保つことは、自身の幸福感だけでなく、職場の雰囲気や子どもたちのウェルビーイングにとっても良い影響を与えるでしょう。

私生活においても、例えば、趣味や運動を楽しむことでエンドルフィンを分泌させ、家族や友人との時間を大切にすることでオキシトシンを増やし、新しいスキルを学ぶことでドーパミンを刺激し、規則正しい生活を送ることでセロトニンのバランスを整えることができます。幸せホルモンの理解と管理は、保育者にとって重要な自己ケアの一環と言えます。
マインドフルネス瞑想や幸せホルモンの知識を活用して、仕事と私生活のバランスを取りながら、より幸せで充実した毎日を過ごしていきましょう。

【文献】

（1）ＶＩＡ研究所　https://www.viacharacter.org/Survey/Account/Register
（2）ジョン・カバットジン『マインドフルネスストレス低減法』（春木豊訳、北大路書房、二〇〇七年）

第五章　保護者のウェルビーイングとポジティブ心理学

保護者は保育者に何を期待しているのか

保護者と保育者の関係は、「子どもたちの健やかな成長」という共通の目的を持っています。保護者は、自分の子どもが安全で、愛情を持って、かつ教育的な環境で育てられることを第一に望んでいます。保護者とのウェルビーイングな関係づくりのためには、「保護者が保育者に何を期待しているのか」を知る必要があります。ここでは、三つの主要な項目を挙げて解説します。

①保護者のニーズ理解とストレス軽減

まず第一に、保護者のニーズを理解し、ストレスを軽減することが重要です。そのためには、保育者が積極的なコミュニケーションを取り、保護者との信頼関係を築くことが不可欠です。保護者の働き方や家庭環境を考慮し、預かる時間を柔軟に提供することも、保護者が仕事と家庭のバランスを取る上では大きな支援となります。また、連絡帳やクラスの活動ボード等で子どもの日々の成長や活動を写真や文章を交えて報告することによって、保護者は子どもが安全で充実した環境にいることを実感し、安心感を得ることができます。

保育者が保護者会の時間などを使って、育児のコツやストレス管理の方法を共有したりするワークショップのような機会を持つことも良いでしょう。このような機会があれば、保護者は同じ悩みを持つ他の保護者と交流し、新たな視点を得ることができ、孤立感を減らすことができます。また、保育園で主催するイベントに親子で参加することで、保護者は職員や他の保護者とのつながりを感じ、コミュニティの一員であることを実感できます。さらに、保育者が定期的に保護者と個別面談を行い、子どもの興味や強み、課題について話し合うことで、保護者は子どもの個性を理解し、育児への自信を深めることもできるでしょう。

これらの取り組みは、育児に対してポジティブな心理状態へと促されます。保育者と保護者が協力し合い、子どもの幸福を最優先に考えることで、家庭内外でのウェルビーイングが実現されるのです。

②保護者一人ひとりの感情や思考に共感する

喜んだり悲しんだり、保護者の育児に対する感情や考え方に共感することによって、保護者は自分の子どもが理解され、大切にされていると感じます。保護者の育児への価値観を尊重し、その上で子どもの特性や興味に合わせた活動を提案することも、保護者の育児への自信と満足感を高めることにつながるでしょう。また、子どもの日々の成長を保護者と共有することで、共に一緒に喜び合い、関係性をポジティブに強化します。信頼が積み重なれば、やがて悩みを打ち明けられることもあるかもしれません。そのような時に、保護者のストレスや悩みに親身になって耳を傾け、具体的なサポートや解決策を提供することで、保護者のウェルビーイングは高まり、より信頼関係が深まります。

③保護者と一緒に子どもの成長を喜ぶ

子どもの成長は、保護者にとってこの上ない喜びです。子どもの挑戦や失敗・成功体験を見逃さずに捉え、その一つ一つが立派な成長だと、保護者と同じように保育者も喜ぶことで、保護者との絆は強化されます。子どもの成長を喜ぶことは、単に一つの出来事を喜ぶ以上の意味を持ちます。すなわち、子どもの成長を通じて、保護者と保育者の間に育まれる信頼と協力の関係が強まることに、その価値があるのです。

例えば、子どもが初めてハイハイができた時や、はじめの一歩を踏み出した時、保育者はその瞬間を写真に収め、保護者に送ることで、家庭と園の間の喜びを共有することができるでしょう。また、友だちとケンカしてしまっても自分たちで仲直りができた時、保育者はそれを保護者に伝えることで、共に子どもの成長（社会性の発達）を喜び合うことができるでしょう。

子どもが難しい課題にチャレンジし、それを乗り越えた時、そのプロセスとその成果を保護者と共有し、子どもの「粘り強さ」や「諦めない心」を讃えることができるでしょう。

このように、子どもの成長の各ステップを保護者と共に喜び合うことは、育児における連帯感を深めます。そして、その連帯感からもたらされる豊かな経験により、子どものウェルビーイングは益々高まっていきます。このような保育者と保護者との関係性は、子どもの自己肯定感を形成し、将来に向けての自信と楽観性を育む基盤となります。保育者と保護者が一丸となって子どもの成長を支え、喜び合うことで、子どもは自己効力感と社会への適応能力を高め、幸福感あふれる人生を歩むためのスタートを切ることができるのです。

保護者からの「無理な要望」や「過度なクレーム」への対処

お盆休み前後になるとSNSなどでは「お盆休みにも子どもを連れてくる保護者」に対しての保育者のツイートが賑わいます。その内容は、保護者の仕事が休みだと分かる姿・格好・雰囲気で、保育園に子どもを預けてくる保護者がいることに対して、「自分の子どもなのに、仕事が休みの日も連れてくるってなんなん⁉（怒）」といったものです。この問題は、いわゆるルールとして定められた決まりを守ろうね、という理論的な部分と、そういう状況なら仕方ないか、という感情面も考慮されたグレーな部分が存在するということを、どのように落とし込むかがポイントになります。

この問題を細分化する上で、保護者の気持ちに寄り添ってみましょう。保護者も、仕事がない日に保育園に預けることはルールでいけないというのは基本わかっているはずです。その上で、保育園にあの手この手を使って（時には嘘をついてでも）、子どもを預けることがあるというのは、なぜでしょうか？ それは、シンプルに言えば、「子育てがしんどいから助けて（甘えさせて）」という状況なのではないでしょうか。

保護者の状況を汲み取れるか、知ろうとしているか、ここにウェルビーイングな保育の真髄があるのではないかと思います。

一方で、現場の保育士の思いとはどのような思いでしょうか？「ルールはしっかり守ってもらう、なぜなら、保育とは「保育に欠ける」子どもを預かるのだから！」「仕事でないのなら、我が子なのだから自分で面倒見るのが当然でしょう！」という思いではないでしょうか。

養成校や国家試験で保育士になるための勉強をするなかで、何度も何度も「保育に欠ける（必要とする）児童」を預かるのが「保育園」、そう学んできましたから、このように考えるのは、間違いではないですし、正論と言えるでしょう。子ども・子育て支援（新）制度という制度ができ、一部の保育者は「子育て支援もしなくちゃいけなくなったから、仕事で休みの場合でもリフレッシュが目的なら子どもを預からなきゃいけない！」と思っているようですが、これは解釈が間違いです。「一時保育」利用者の利用目的に「リフレッシュ」は入りますが、普通の保育を利用している人が「リフレッシュ」で保育を利用することはできません。ですので、あくまで保育の必要性の事由（就労、保護者の疾病・障害、産前産後、同居親族の介護、災害復旧、求職活動・就学）に該当している必要があります。その上で、いろいろな事情がありますので、最終的には「現場（各保育施設）の判断」としており、保育の必要性の事由に該当しない場合は、あくまで施設の「善意」の上に成り立っているのです。どうしてもリフレッシュがしたい人は、ちゃんとお金を払って利用できるところを探すのが基本ルールです。

この両者の思いがある中で、やってはいけないことが、子どもの面倒を見ている担任の先生と保護者が、直接ぶつかることです。想像するだけで険悪な状況になるのは分かります。そのため、多くの保育者は、直接ぶつかることは避け、受け入れたくもない状況を受け入れ、ただ我慢していたり、「愚痴」という形でSNSでツイートして発散したりするのが現実です。しかし、時に、我慢の限界が来たからでしょうか、虫の居所が悪かったからでしょうか、直接担任が保護者に注意してしまうことがあります。これは一番悪いパターンです。場合によっては、保護者が「逆ギレ」を起こしかねません。「保育士は子どもを預かるのが仕事なんだから、黙って預かってろ」とか、「こっちは保育料払ってるんだから、とやかく言われる筋合いはない」など、話がこじれてしまいます。

話がこじれて最悪な関係性になった時に、一番可哀想なのは「子ども」です。大人に振り回され、最後に、「この子さえいなければ……」なんて思われてしまう。そんな話まで膨れ上がることは、あり得ないことではないのです。

人は、辛い時に優しくしてもらった時のことをいつまでも覚えています。そして、その思いに「応えよう」と思うものです。「保育園に子どもを預けなくてはいけない理由」の根本原因に視点をあてて、その状況を「理解」した上で、丁寧な対応をすることがこの問題の解決につながっていきます。この時に邪魔になるのが「正論」です。人と人との関わりにおいて、「正論」よりも大切なのが、「感情」です。この世の中、ルールありきの正論だけで成り立っているわけではありません。特に、「人情」はどの分野においても大切で、ことに、子育てをしていく関わり合いの上では、保育者・保護者間でもそうですし、夫婦間でもそうですし、何よりも無視してはいけないものと言えます。

この問題のキーパーソンは、担任ではなく、主任とか副園長・園長のようなリーダーの立場の人です。まず、リーダーは現場の担任を「守る」責任があります。前述のように、問答無用に土曜日もお盆もと、子どもを預けられたら、担任の先生は一杯一杯になってしまいます。担任は目の前の子どもの保育に専念するために、仕事が休みであろう保護者に対しての接点はリーダーが対応し、良い方向づけをしていく必要があります。段階的に、まずは「園のお知らせ」という形で、「登園のルール」を節目（年度毎など）にしっかりお伝えしていきます。そして、現場が「困る」ほど利用頻度が目立つ世帯に対しては、リーダー職の先生が面談をして、家庭の状況をお聞きしましょう。この時に、「注意」や跳ね除けるような姿勢ではなく、あくまで傾聴し、受容の姿勢が大切です。保護者に心を開かせて、助けを必要としている根本原因を話してもらうことが大切です。

一度この面談を挟むと、人の心は不思議なもので、「あの保育園の先生は私のことを分かってくれている」と思い、「保育園の先生方も大変なのだから、仕事の日はちゃんと自分で面倒みよう」という気持ちになるものです。「いやいや、そんな話にはならないよ！　また絶対保育園に預けにくるって！」と思うかもしれません。でも、そう考えて、保護者を信頼してないうちは、その心が保護者にも届いてしまいます。心の底から、保護者を助けたい！　子育ての伴走者でありたい！と思うのであれば、保護者を信じましょう。そこがスタートラインだと思います。そして、その上で保育を受け入れざるを得ない状況になったら、気持ち的にも、体制的にも全力で担任の先生をフォローしましょう。現場の先生が、気持ちよく保育できるよう、リーダーの先生の腕の見せ所と言えます。現場の先生と一緒になって、保護者の愚痴を言ってたり、矢面に立つ覚悟がない姿勢では、厳しいことを言うようですが、不適切保育を招きかねないマネージメントと言わざるを得ません。

その上で、どのように保護者から理解を得ていくかについてですが、これは結論、「全ては子どものため」という姿勢で保護者に話をしていくことです。以下の切り口から話をしていくといいでしょう。

①家族との絆＝子どもの安心感と自信を育む

子どもは休みの日には「家族と過ごすこと」が大切です。なぜなら、家族との時間は子どもの心の成長に影響するからです。家族との絆を深めることで、子どもは安心感や自信を得られます。また、家族と一緒に遊んだり、話したり、学んだりすることで、子どもは社会性やコミュニケーション能力を養うことにつながります。

②「好きなこと」をさせてあげられるのは家庭

保育園は「家庭的」と言われますが、どこまでいっても家庭とは別のその子にとっての「社会」です。なかなか「好きなこと」をやりたくてもできないことがあるのが現実です。しかし、家庭で自分の好きなことをすることで、子どもは楽しみや達成感を感じることができます。また、自分の好きなことをすることで、子どもは自己表現や創造性を発揮する事ができ、幸福度は高まります。

③子どもだって疲れているから。休ませてあげよう

前段でも書きましたが、保育園や幼稚園は「社会」です。どんなに小さい時から過ごした家庭と同じような場所だといっても、気を張って過ごしています。やっぱりリラックスできるのは家庭です。大人と同じように、ずっと通うのは疲れてしまいます。子どもは休みの日には十分に休むことが大

切です。十分に休むことで、子どもは体力や免疫力を回復します。また、十分に休むことで、子どもは記憶や学習能力を向上させます。

この問題において、救わなくてはならないのは、保育士も保護者も両者です。どっちが正しいとか間違っているとかの正論で話を進めてはいけない問題です。特に、リーダー職の先生方には、視座を高く持っていただき、誰もが幸せ（ウェルビーイング）になるよう解決できるようになっていただきたいと思っています。

このように、保育園や幼稚園で働く先生方は、時に保護者から無理な要望や、過度なクレームを受けることもあるでしょう。そのようなときは、どのように対処したり、受け止めたりすればよいのでしょうか?

まず、保護者からの要望やクレームには、様々な背景や理由があることを理解することが大切です。保護者は、自分の子どもにとって最善の環境や教育を求めているのですが、それが必ずしも現実的ではない場合や、先生方の考え方と合わない場合があります。また、保育者自身が仕事や家庭でストレスを抱えていたり、不安や心配事があったりすることもあります。そのような場合、感情的になってしまったり、過剰反応したりすることもあるでしょう。しかし、保護者からの要望やクレームに対応するときは、「冷静に話を聞くこと」が重要です。感情的に反論したり、否定したりすると、保護者との関係が悪化する恐れがあります。

また、話を聞くだけでなく、相手の気持ちや立場を尊重し、共感したり、謝罪したりすることも効果的です。例えば、「お気持ちわかります」「ご不満申し訳ありません」「お子さんのことを大切に思っていらっしゃるんですね」といった言葉を使うとよいでしょう。クレームを言ってくる保護者には、何らかの不満や不安があるはずです。その気持ちを無視せずに、まずは相手の話をよく聞きましょう。話を聞くことで、相手の本当の要望や問題点が分かるかもしれません。また、話を聞いてもらえることで、相手も少し冷静になることができます。

クレームを言われたときには、怒りや悲しみなどの感情が沸き起こることがあります。しかし、そのまま感情的に反応してしまうと、事態を悪化させる可能性があります。自分の感情に振り回されないように、深呼吸したり、数えたりするなどして落ち着きましょう。さらに、保護者からの要望やクレームに応えるときは、柔軟に対応することが求められます。無理な要望や過度なクレームには断ることも必要ですが、その際は根拠や理由を説明し、納得してもらうことが大切です。また、可能な範囲で要望に応えたり、代替案を提案したりすることも良い関係を築くために有効です。例えば、「その件は難しいですが、こんな方法はいかがでしょうか」「ご希望に添えなくて申し訳ありませんが、このような対策を取っています」といった言葉を使うとよいでしょう。

相手の話を聞いて自分の感情をコントロールしたら、次に適切な対応策を考えましょう。クレームの内容や状況によって対応策は異なりますが、基本的には以下のようなポイントに注意しましょう。

●一人で解決しようとしない。園長や先輩保育士に相談する。
●その場しのぎの約束や憶測での発言は控える。
●一旦その場での回答は避けて、後日改めて話し合う場を設定する。
●クレームに対して誠意を持って対応する。
●クレームが正当であれば謝罪や改善策を示す。
●クレームが不当であれば根拠や理由を説明する。

兎にも角にも、「誠意」が一番大事です。誠意があれば、大きなトラブルには発展しないものです。

最後に、保護者からの要望やクレームに影響されないようにすることも大事です。クレームを言われたときには、自分の仕事ぶりや能力に対して否定的になってしまうことがあります。しかし、クレームは必ずしも自分のせいだというわけではありませんし、先生方の仕事ぶりや能力を否定するものではありません。自分の価値観や信念を持ち続けることが重要です。自分への評価や批判に惑わされずに、自分の長所や成果を認めてあげましょう。

子育てと仕事の両立のコツ

この著書は主に保育者の方に読んでいただくことを想定していますが、ご自身が育児を経験する中で、保護者の側になる場合もあるかと思います。以下、保護者の立場を想定しながら、保護者のウェルビーイングについて考えていきたいと思います。

近年の保育者の役割は多様化し、「子育て支援」も保育者の重要な役割の一つとなっています。面談などで保護者からアドバイスを求められる場面もあります。子育てと仕事の両立はそう簡単なものではなく、多くの保護者にとって課題となっています。そのような時には、ポジティブ心理学の視点を持って、個人の強みや資質を活かして幸福感を高めることで、子育てと仕事のバランスが取れるようになります。

例えば、心理学では、「セルフコンパッション（自己への慈しみ）」を通じて、親が自身の限界を認識し、過度なプレッシャーから解放されることが推奨されています。セルフコンパッションとは、「自分自身の欠点や失敗、人生の苦難に直面した際に、自分に対して思いやりを持つこと」を意味しています。これは、自分を非難するのではなく、優しさと理解をもって自己を受け入れる態度です。セルフコンパッションはストレスの軽減、心理的幸福感の向上、そして自己成長を促進する効果があるとされています。自己同情は「自己哀れみ」とは異なります。自己哀れみが被害者意識や無力感に焦点を当てるのに対し、セルフコンパッションは自己受容とポジティブな自己関係を育むことに重点を置いています。この概念は、自己批判や完璧主義、摂食障害などの傾向を減少させ、レジリエンスや社会的つながりとポジティブに相関しているとの研究結果もあります。つまり、セルフコンパッションを実践することで、親はストレスを減らし、より充実した育児を行うことができると言えるでしょう。

しかし、仕事をしながら子育てをしていると、こんな場面に度々遭遇します。

- 子どもが病気になった時、仕事を休むことができるか心配になる。
- 子どもの行事や学校の用事に仕事で参加できない時、罪悪感を感じる。
- 仕事の締め切りや会議が重なった時など、家事や育児をつい後回ししがちになる。
- 子どもと一緒に過ごす時間が少なくなった時、親子の絆が弱まっているのではないか不安になる。
- 自分の時間や趣味を楽しむ余裕がなくなった時、ストレスがたまってイライラする。

これらの場面では、どうすれば良いのでしょうか？

できれば無理せずにバランスを取って、仕事も家庭も充実したものにしていきたいと誰もが思っていると思います。

そこで、ここでは、仕事と子育ての両立のためのコツを三つご紹介します。

①自分時間を確保しよう

仕事と子育ての両立のコツの一つは、自分の時間を確保することです。自分の時間とは、自分の好きなことややりたいことをする時間のことで、ストレスを発散したり、リフレッシュしたり、自己成長したりするために必要な時間です。例えば、趣味に没頭する時間や、友人と話す時間や、本を読む時間などが自分の時間になります。自分の時間をわずかだけでも確保することで、仕事や子育てに対するモチベーションやエネルギーが高まりますし、自分自身の幸せも感じられます。しかし、仕事と子育ての両立は大変で、自分の時間を確保するのもなかなか難しいかもしれません。ポイントは「早起き」と「小さなスキマ時間の利用」です。

1　早起きについて：朝一番に自分の時間を作ることで、一日を有意義に始めることができます。また、夜遅くまで起きていると疲れがたまりますし、子どもが起きてくる可能性もあります。早寝早起きを心がけて、朝の自分の時間を楽しみましょう。

2　小さなスキマ時間の利用について：仕事や子育ての合間にも、小さなスキマ時間があります。例えば、通勤中や昼休みや子どもが寝ている間などです。そのようなスキマ時間を利用して、自分の好きなことややりたいことをすることで、自分の時間を確保することができます。例えば、音楽を聴いたり、本を読んだり、瞑想をしたりしてみましょう。

②パートナーと協力しよう

仕事と子育ての両立をしていくには、パートナーと協力することは必須です。パートナーと協力すると、仕事や家事、育児の負担を分かち合うことができます。例えば、パートナーとともに、子どものお風呂や食事の準備、洗濯物を畳む、次の日の保育園カバンの中身（着替えやオムツなど）の準備など、家事・育児を分担して進められるといいでしょう。

また、パートナーに自分の仕事の悩みや出来事などを話して、気持ちを共有したり、仕事の予定などを前もって伝えておくことも大切になります。朝夕はできるだけ一緒に食事をするようにして、会話の機会を作りましょう。また、こまめに電話やメールなどで連絡を取りあうことも大切です。パートナーが自分の状況を理解してくれれば、応援してくれたり、助けてくれたりします。パートナーと協力することで、仕事と子育ての両立が楽になるだけでなく、家族の絆も深まることでしょう。

③完璧主義を捨てよう

仕事と子育ての両立をするときに陥りやすい罠が、完璧主義です。完璧主義は、仕事も家庭もすべて完璧にこなそうとする考え方です。しかし、完璧主義は現実的ではありません。完璧主義を追求すると、自分に過度な負担やプレッシャーをかけてしまいます。それは、仕事や家庭のパフォーマンスを下げるだけでなく、自分の健康や幸せにも影響します。そこで、完璧主義を捨てることが必要です。完璧主義を捨てるには、「自分の限界や優先順位を認める」ことです。前述した「セルフコンパッション」を持つことが重要になります。

仕事と子育てはどちらも大変なことです。自分の限界を認め、自分一人で全てをこなそうとせず、必要な時は家族や友人、同僚などに助けを求めましょう。また、自分に無理なことは断る勇気も必要です。自分の時間や休息も大切にしましょう。自分にできることとできないことを分けて、できることに集中しましょう。また、優先順位が高いことと低いことを分けて、高いことに力を入れましょう。完璧主義を捨てると、仕事と子育ての両立が楽になります。

まとめとして、前述した悩ましい場面に遭遇したときの対処法としては、以下にように考えてみると良いと思います。

●子どもが病気になった時は、仕事を休むことを優先する。上司や同僚に早めに連絡して、業務の引き継ぎや調整をして、子どもの回復が早くなるように看病してあげましょう。

●子どもの行事や学校の用事に参加できなくても、罪悪感を捨てる。子どもには事情を説明して、理解を求めたり、代わりに別の日に一緒に楽しめることを計画して、埋め合わせをしましょう。

●仕事の締め切りやミーティングが重なった時は、パートナーや祖父母などの家族、友人、ベビーシッターなどに協力を頼む。自分だけで抱え込まずに、助けを求めることが大切です。

●子どもと一緒に過ごす時間が少なくなった時は、質を重視して関わるようにする。スマホやテレビなどの画面から目を離して、子どもの興味や感情に寄り添って、子どもと目を見て話しましょう。

●自分の時間や趣味を楽しむ余裕がなくなった時は、時間管理を工夫する。仕事・家事・育児の効率化や優先順位づけをして、自分だけのリラックスタイムや楽しみタイムを捻出しましょう。

子どものしつけとウェルビーイング

ここでは、子どものしつけについて話をしていきます。

子どもの家庭教育やしつけに関する悩みとして、「叱り方」について悩んでいる保護者が多いと思います。子どもを叱るということは、親にとっても子どもにとっても、簡単なことではありません。子どもの行動や態度に対して、親はどのように反応すべきか、どのように指導すべきか、どのように感情をコントロールすべきか、などという問題に直面します。一方、子どもは親の叱責に対して、反発したり、落ち込んだり、自信を失ったり、学習意欲を低下させたりする可能性があります。叱るという行為は、親子関係や子どもの育ち方に大きな影響を与えます。

親が子を叱る行為は、心理学において多角的に分析されます。一般的に、子どもを叱ることは、その行動を修正し、社会的な規範や価値観を教えるための手段とされています。しかし、叱り方によっては子どもの自尊感情に影響を与える可能性があり、ポジティブなスキーマ（経験・記憶に紐づいた認知）よりもネガティブなスキーマを形成するリスクがあると指摘されています。例えば、ある研究では、ほめられることが多い子どもは自尊感情が高く、他者へのポジティブなスキーマを持つ傾向にあるのに対し、叱られることが多い子どもは自己へのネガティブなスキーマを持ちやすいと報告されています。また、親の「ほめ」、「叱り」、「見守り」のバランスが、子どもの内的作業モデル（幼少期における養育者との愛着関係により形成される自己及び他者についての認知的枠組み）や自尊感情に与える影響についての研究もあり、適切なバランスが子どもの心理的発達に良い影響を与えることが示されています。

さらに、叱る行為が子どもの認知発達や道徳的判断を形成する上で有効であるとする見解もありますが、感情的に怒る行為は子どもの自尊心や自己評価に悪影響を及ぼすことが知られています。つまり、親が子を叱る際には、その方法や子どもの受け取り方が重要であるということです。親子間のコミュニケーションの質が、子どもの心理的健全性に大きく影響を与えるため、叱ることの背後にある意図や愛情を伝えることがとても大切になります。

まず、叱る目的を明確にしましょう。親は子どもを叱るときに、何を伝えたいのか、何を期待しているのか、何を変えてほしいのか、などということをあらかじめ自分自身に問いかける必要があります。叱ることは手段であって目的ではありません。叱ることで子どもに何らかの変化や成長を促したいという親の意図があるはずです。しかし、その意図が曖昧だったり、不明確だったりすると、子どもにも伝わりにくくなります。また、叱ることが本当に効果的な方法なのか、他にもっと良い方法はないのか、などということも考える必要があります。叱ることで子どもが素直に従う場合もあれば、逆効果になる場合もあります。その判断は、子どもの年齢や性格、状況や背景などを考慮しなければなりません。

次に、叱る方法やタイミングが適切か判断しましょう。親は子どもを叱るときに、言葉遣いや声のトーン、表情や身振りなどに気をつける必要があります。子どもは親の言葉だけでなく、その態度や雰囲気も敏感に感じ取ります。親が怒鳴ったり、罵ったり、脅したりするような方法で叱ると、子どもは恐怖や不安を感じたり、攻撃的になったりします。また、親が感情的になってしまって冷静さを失ってしまうと、子どもは親の言っていることが理解できなかったり、信頼できなかったりします。そのため、親は自分の感情をコントロールして落ち着いて話すように心がける必要があります。また、叱るタイミングも重要です。子どもが問題の行動をした直後に叱るのが理想的ですが、それができない場合は、できるだけ早く叱るようにしましょう。叱るときには、子どもがその行動の理由や結果を覚えていることが必要です。時間が経ちすぎてから叱ると、子どもは何で叱られているのか分からなくなったり、親の言っていることに関心を失ったりします。

最後に、叱った後のフォローを十分に行いましょう。親は子どもを叱った後に、なぜ叱ったのか、その理由や目的を改めて説明したり、子どもの気持ちや考えを聞いたり、子どもの良い点や努力をほめたりすることが大切です。フォローをすることとは、子どもに親の愛情や信頼を感じさせたり、自己肯定感や自尊心を高めたりする効果があります。また、子どもに適切な行動や態度を示したり、具体的な改善策や目標を設定したりすることも必要です。これらのフォローは、子どもに自己管理能力を育てたり、学習意欲や向上心を高めたりする効果があります。子どもに対する無関心や拒絶と受け取られる可能性があるので、子どもを叱った後に、決してそのまま放置したり、無視することをしてはいけません。

以上のように、親は子どもへの叱り方で悩む理由は多岐にわたります。しかし、その悩みは決して無駄ではありません。むしろ、その悩みこそが親として成長するチャンスだと考えましょう。子どもを叱ることは、親自身の価値観や教育方針を見直すいい機会でもありますし、また、叱り方に悩むことも、子どもへの最高の愛情表現だと言えるでしょう。

子どものしつけにおいてポジティブ心理学を取り入れることは、子どもの自己肯定感や自己効力感を育む上で非常に有効です。ポジティブ心理学は、個人の強みや良い面に焦点を当て、それを伸ばすことで全体的な幸福感を高める心理学の一分野です。このアプローチは、子どもが直面する困難や挑戦に対して、より強く、柔軟に、そして前向きに取り組む力を育てます。しつけにおいては、単にルールを守らせるだけでなく、子どもが自ら考え、行動する力を養うことが重要です。ポジティブ心理学に基づいたしつけでは、子どもの行動を正す際にも、否定的な言葉を避け、肯定的な言葉を用いて励ますことで、子どもの内面的な動機づけを促します。

例えば、子どもがルールを破った時には、「ダメだよ」と叱るのではなく、「次はもっと良い選択ができるね」と期待を示すことで、子ども自身が自分の行動を振り返り、改善するきっかけを与えることができます。また、子どもの小さな成功を認識し、それを称賛することで、自信を持って新たな挑戦に取り組む勇気を与えることができます。このように、ポジティブな接し方は、子どもの自尊心を高め、社会性や協調性を育む効果があります。

また、しつけでポジティブ心理学的視点を持つことは、子どもだけでなく親にとっても有益と言えます。親がポジティブな思考を持つことで、子どもに対する接し方が変わり、より効果的な育児が行えるようになります。親自身がストレスを管理し、ポジティブな態度を保つことで、子どもにもその姿勢が伝わり、家庭全体の雰囲気が明るくなります。さらに、ポジティブな育児は、子どもの問題行動を未然に防ぐ効果もあり、親子関係の改善にも寄与します。

総じて、ポジティブ心理学を取り入れた子どものしつけは、子どもの心の健康を育み、社会で成功するための基盤を築く手助けとなります。子どもが自分自身と他者に対して持つ感情や態度を育てることで、彼らが将来、幸福で充実した人生を送るための準備をすることができるのです。

ここで、「しつけ」という言葉の意味について、新たな視点から考えてみたいと思います。「躾」という漢字は、日本独自の発明であり、中国から伝わったものではありません。これは「国字」として知られており、他にも峠や凪、働、畑、辻などがあります。この漢字を構成する「身」と「美」の要素は、「身の周りを整え美しくする」という意味合いを持っています。

言葉の発達に関する研究者である岡本夏木教授が、「しつけ」について興味深い文章を書かれています。そこには、「〈躾〉という字がもたらす意味よりも、この〈着物の仕付け〉を背景とする意味のほうが、子どもをしつける過程の本質をよく表しているのではないか[1]」と述べられています。「しつけ」という言葉は、もともと「着物を仕付ける」ということに結びついて成り立ってきた言葉であることを受け、「しつけ」という言葉の本質について言及されたものでした。

「仕付け」とは、着物の形が整うよう、仮に縫いつけておくことを言いますが、着物がやがて縫いあがると、仕付けの糸がはずされます。着物の完成をもって、もはや仕付けの糸はそこにあってはいけないものになる、ここに教育上の深い意味を持たせたのです。

その意味では、子どもが五歳から七歳になる頃は、しつけ糸を外し始める時期と重ねることができるのではないでしょうか。これまで親が外から枠組みを用意し、子どもの行動や生活習慣を形作ってきたところから、この時期になると、子どもは自分自身で行動や生活習慣を築き始めるようになります。しつけ糸を外すことは、子どもを自律へと導く過程であり、しつけの本質は、外からの強制を取り除き、自立を促すことにあると言えるでしょう。ゆえに、しつけは、最終的には不要になるように行うものだとも解釈できます。通常、「しつけ」とは厳格さや規律を意味することが多いですが、ウェルビーイングを目的としたしつけは、子どもが自律的に行動できるようにするための過程であり、外からの規制を取り除くことが目的となります。もししつけをしていく上でこの目的が見落とされてしまうのであれば、それは単なる形式的なしつけ、すなわち子どもの存在を無視したしつけになってしまうでしょう。

家族コミュニケーションの質とスキル

家族同士でのあいさつや会話などのコミュニケーションを通じて、お互いの存在を認め合い、気持ちを伝え合うことは、家族の絆を強化し、精神的な健康を支える大切な要素になります。家族とのコミュニケーションは、心理的安心感を提供し、家庭内の調和と幸福感を高めるために不可欠です。また、子どもの発達にも大きな影響を与え、自己肯定感を高め、他者への愛情を育むことにつながります。

例えば、大学生の家族コミュニケーションの質が、彼らの境界例心性と関連していることが示されています[2]。境界例心性とは、対人関係や自己像、感情の不安定さなどを特徴とする心的様相を指し、これらはポジティブ心理学で取り扱う自己効力感や幸福感と密接に関連しています。この研究では、両親の支持的・受容的な養育態度と境界例心性との間に負の関連性が見られ、逆に支配的な養育態度とは正の関連性が示されました。つまり、家族内での健全なコミュニケーションが、子どもの心理的健康にとって重要であることが分かります。

また、家族関係と自己効力感が大学生のコミュニケーションスキルに及ぼす影響が検討されています[(3)]。自己効力感は、自分の行動が望む結果を生み出せるという信念を指し、ポジティブ心理学の中核的な概念の一つです。この研究によると、家族関係の質が高いほど、自己効力感が高まり、結果としてコミュニケーションスキルも向上することが示されました。これは、家族内のポジティブなコミュニケーションが、個人の社会的スキルや心理的幸福に寄与することを示唆しています。

これらの研究からも、家族コミュニケーションとポジティブ心理学の関連性は明らかです。家族内での健康なコミュニケーションは、個々の自己効力感や幸福感を高め、ポジティブな心理的成長を促進する重要な要素であると言えるでしょう。家族が互いに支持し合い、受容的な関係を築くことは、ポジティブ心理学が目指す、より良い生活への道を開く鍵となります。家族間のコミュニケーションを改善することは、単に家族の絆を強化するだけでなく、各個人の心理的なウェルビーイングにも寄与するのです。

当然、家族との関係を良好に保ち、互いに理解し合えるようにするためには、必要なスキルがあります。家族とのコミュニケーションを円滑にするスキルは、社会に適応していくための基礎的な能力でもあります。具体的にどのようなスキルがあるのでしょうか。

①挨拶や感謝の言葉を伝えるスキル

家族とのコミュニケーションは、挨拶や感謝の言葉から始まります。挨拶や感謝の言葉を伝えることで、家族との情緒的なつながりを強め、相手への愛情や尊敬の気持ちを示すことができます。また、挨拶をしたり、感謝の言葉を伝えることで、自分自身もポジティブな気持ちになります。朝起きたら「おはよう」と笑顔で声をかけたり、食事を作ってくれたら当たり前のこととは思わずに、「ありがとう」と感謝の言葉を伝えたりするだけで、家族とのコミュニケーションはぐっと良くなります。

②聞くスキル

「相手の話を聞く」こととは、相手の気持ちを理解し、共感をすることです。また、相手に興味・関心を示し、信頼関係を築くということです。目を見て相槌を打ったり、質問したり、感想を伝えたりすることが、聞くスキルです。例えば、子どもの様子がいつもと違う時に、「今日は保育園で何かあったの?」と聞いてみたり、「それは大変だったね」と共感したり、寄り添いながら問いかけることで、子どもは親に話したい気持ちになります。

③気持ちを伝えるスキル

自分の気持ちや考えていることを伝えることは、相手に自分を知ってもらい、理解してもらう上で必要不可欠です。明確に具体的に話したり、相手の反応を確認しながら話したり、表情やジェスチャーなどの非言語的なメッセージにも考慮しながら伝えるスキルを言います。例えば、夫婦間のコミュニケーションにおいて、パートナーに何かしてほしい時に、不満の言葉をぶつけるのではなく、「〇〇をしてほしい」と具体的に伝えることで、パートナーと協力し合うことができます。

④解決するスキル

家族とのコミュニケーションでは、時には意見や感情がぶつかり合うこともあります。そのような場合には、問題や対立を円滑に解決できるスキルが必要になります。問題を解決するには、まずは冷静になること、そして、相手の立場や感情を尊重し、双方にメリットがある解決策を探すといった方法があります。

以上が家族とのコミュニケーションで必要な主なスキルです。家族とのコミュニケーションのスキルは、習慣的に行うことで身につけることができます。家族とのコミュニケーションのスキルを身につけることで、家族との関係はもちろん、社会での人間関係や自己肯定感も向上することが期待できます。ぜひ、家族とのコミュニケーションのスキルを意識してみてください。

また、新型コロナウィルスによるパンデミック中は、家族間での距離の取り方や、コミュニケーションに悩む人が多くいました。そのようなパンデミック中の家族間のコミュニケーションについて、アメリカ国軍大学の心的外傷性ストレス研究センターのポーリンボス博士が「コロナ禍での家族間対立のマネージメント」というリーフレットで言及しました。このリーフレットでは、「共通の生活空間で一緒に過ごす時間が急激に増えることは、家族の一体感を促進するだけでなく、親密なパートナーの間でストレスや対立が生じる可能性がある」と述べ、家族のコミュニケーションについて、いくつか工夫点を推奨していますので、内容をご紹介します。

（1）積極的に傾聴する（Use Active Listening）

●反論するのではなく、相手を理解しようと努めましょう。
●誤解が生じていないか、相手の話を正しく理解できているか、を聞いて確かめましょう。
●コミュニケーションをとることを難しくしている否定的な意見や誤解に気づいて、対処していくことも大切です（例えば、あの人は私の話を聞かないなど）。

（2）問題解決（Problem Solving）

●何を話し合うのかを決めましょう。
●お互いの意見を出し合って、解決策のリストを作りましょう。
●妥協点を探り、双方が合意できる提案をしましょう（例えば、月曜・水曜・金曜の夜は、私が料理を作り、あなたは子どもたちの世話をする等）。

●しばらく実践したあとで、そのまま継続するのか、変更すべきかを話し合いましょう。

（3）自己調整（自分の心を調整する）（Self-Regulation）

●怒りが強すぎる時は、以上の傾聴や問題解決だけでは不十分です。そのような時は、自分の心を落ち着けるための自己調整が必要となります。マインドフルネスのエクササイズが役立つかもしれません。

（4）タイムアウト法の利用（Time-Outs can be Helpful）

●自分の感情の強さを監視して、必要に応じて、相手にタイムアウト（一時的にその場を離れること）を要求しましょう。

●タイムアウトの合図を家族で決めて、家族のすべての人に奨励しましょう（例えば、手で「T」をジェスチャーするなど）。

●議論を再開するまで、別々の場所にいって、冷静になるために何らかの方法で、自己調整を行いましょう。

●合意した時間に戻って、双方が心の準備ができていることが確認できた場合にのみ、話し合いを再開しましょう。

以上がリーフレットに書かれていた内容です。参考になれば幸いです。
家族だからこそ支えや頼りになる反面、葛藤や気遣いが生じることもあります。お互いの距離をうまく保ち、自分の心を調整するように心がけて、家庭が少しでも居心地の良い場となるように家族全員が努めていくことが大切になります。

【文献】

(1)岡本夏木『小学生になる前後―五~七歳児を育てる 新版(子どもと教育)』(岩波書店、一九九五年)五一頁
(2)古川奈美子「大学生における境界例心性と親の養育態度・家族の雰囲気との関係性について」『九州大学心理学研究』5、九州大学大学院人間環境学研究院、二〇〇四年、二〇七頁
(3)秋山依乃里・谷原弘之「大学生における家族関係と自己効力感がコミュニケーション・スキルに及ぼす影響の検討」『岡山心理学会 第68回大会発表論文集』、二〇二一年、四三頁

おわりに

本書を最後までお読みいただき、誠にありがとうございます。この本が、皆さんのニーズを満たすものとなり、未来の保育・幼児教育における新たな一歩となれば、この上ない幸せです。

本書を執筆する過程で、子どもたちのウェルビーイングを支える保育・幼児教育の重要性を再認識し、そのためのポジティブ心理学の力を改めて信じるようになりました。本書を通じて、子どもたちの幸せとは何か、保育者と保護者がどのように関わるべきか、という重要なテーマについて、深く考え、研究し、そして書き上げることができたことは、私にとって大きな喜びであります。

執筆の過程では、ポジティブ心理学の理論と保育実践をどのように結びつけるか、バランスを取ることに苦慮し、幾つの壁に直面しましたが、それらはすべて、この分野における新たな発見へとつながりました。

この本の内容を確認するたびに、私の中で強まるのは、子どもたち一人ひとりが持つ「無限の可能性」の存在と、それを引き出す保育の力の偉大さです。これまでやってきた保育を紐解いてみると、PERMA理論の「エンゲージメント（没頭）」や「アチーヴメント（達成）」であったり、幸せの四因子の「やってみよう！」や「なんとかなる！」といったウェルビーイングの理論が、知らずのうちに実践に活かされていたのだと気づかされました。

私が運営している森のようちえんの子どもたちは、雨であろうと、レインコートを着て、長靴を履いて森の中で過ごしています。いつもとは違う風景や土や葉の様子に心踊らせ、水溜りでバシャバシャと楽しんでいます。また、木に登ってみたり、小さな沢をジャンプして越えてみたり、真剣な顔つきで挑戦している姿があります。また、この本の執筆が終えるのはちょうど田植えの時期と重なっています。田植えは、森のようちえんの子どもたち、保護者、養成校の学生とともに行っています。子どもたちは泥だらけの手で稲を植え、未来の食を育てているんだという実感に満ち溢れます。彼らの笑顔は太陽よりも明るく、泥水の中でのはしゃぎ声は小鳥の歌よりも心地よいものです。泥だらけの体は、冒険と発見の物語を歩んだ証そのものです。そのような姿を見て、幸せとは何か、そしてそれを支える保育の本質について、改めて考えさせられるのです。

そのようにして、保育現場での自身の経験などを振り返りながら、「本当にこの内容が子どもの幸せにつながっていることなのか？」、「保育者の悩みを解決できるのか？」、「保護者に寄り添うとはどのような姿勢なのか？」と、一文一文推敲を重ね、悩みながらの執筆となりました。しかし、それらの悩みはすべて、この本を通じて伝えたいメッセージを深めるための貴重なステップであったと今では思えます。だからこそ、本書はただの理論書ではなく、実生活に根ざした実用書でもあることに価値があると思っています。読者の皆様がこの本を手に取り、実際に使ってみることで、子どもたちだけでなく、保育者や保護者の方々のウェルビーイングも向上することを強く願っています。

最後に、アルテの市村社長をはじめ、この本が完成するまでにご協力いただいた全ての方々に心から感謝申し上げます。専門家の方々からの貴重なフィードバック、保育者や保護者の方々からの実体験の共有、そして何よりも、子どもたちの純粋な笑顔と成長の物語は、この本の核となるものです。皆様の支えがあったからこそ、この本は多くの人々の手に渡り、ポジティブ心理学の素晴らしさを伝えることができます。本当にありがとうございました。

二〇二四年五月

高橋　健司

◆著者
高橋　健司（たかはし　けんじ）
1982年、東京都生まれ。聖徳大学大学院児童学研究科保育学コース博士前期課程修了。東京多摩エリアの認可保育園にて保育士として務めた後、保育者養成校専任教員、保育所園長を経て、2023年2月、「一般社団法人日本ウェルビーイング教育・保育協会」を設立。保育士等キャリアアップ研修や、「ウェルビーイング保育実践ファシリテーター」資格講座の講師を務める傍ら、保育者養成校にて非常勤講師（領域「健康」・保育所実習指導）として勤務、また、月１～２回開催する「森のようちえん」を運営している。研究領域は保育心理学・ポジティブ心理学・子どもの健康（ウェルビーイング）・自然保育・保育実習指導・保育制度・保育所運営など。共著に『保育者をめざす人のためのみてすぐわかる保育実習』（サンウェイ出版）、『わかりやすい保育所運営の手引き－Ｑ＆Ａとトラブル事例－』（新日本法規出版）。

ウェルビーイングな保育・幼児教育のためのポジティブ心理学
――子どもや保育者、そして保護者の幸せな人生に向けて

2024年6月25日　第1刷発行

著　　者　高橋　健司
発 行 者　市村　敏明
発　　行　株式会社　アルテ
〒170-0013　東京都豊島区東池袋2-62-8
BIGオフィスプラザ池袋11F
TEL.03(6868)6812　FAX.03(6730)1379
http://www.arte-book.com
発　　売　株式会社　星雲社
（共同出版社・流通責任出版社）
〒112-0005　東京都文京区水道1-3-30
TEL.03(3868)3275　FAX.03(3868)6588
装　　丁　川嵜　俊明
印刷製本　シナノ書籍印刷株式会社

©Kenji Takahashi 2024, Printed in Japan
ISBN978-4-434-33568-6 C3037